JN096779

＼ 大人のための ／
おしゃべり英単語
1,200語（単語＋表現）

ハッピーグローブイングリッシュ
AKI TAKANO

SANKEISHA

学習者の皆さんへ

　この英単語集は、英会話を学ぶことによって人生を豊かにしたいと願う学習者の皆さんのために制作したものです。

　本書に掲載した単語は、私が運営する英会話教室ハッピーグローブイングリッシュの〈バイリンガル大人クラス〉でじっさいに日々の話題をシェアする中で、生徒さんたちがつまずいた単語や表現の一部をリストアップしたものです。どれも日常会話でよく口にする単語ばかりです。

　会話の形は作れているのに、単語がわからないだけで止まってしまい、もどかしく思う経験は誰しもが持っていると思いますが、英会話教室であれば、生徒さんのもどかしさを解消するのは講師のつとめです。

　そんな思いで生徒さんたちの顔を浮かべながら構想した本書ですが、教室の枠を越えて、より多くの英会話学習者の皆さんに、言葉の領域を広げられるツールとして役立つことを切に願っています。

　昨今では、国際化が進み、在住している外国人の方たち、また海外から旅行やビジネスで日本を訪れている方たちと接触する機会が、日本にいながらすでに溢れています。よりお互いのことを理解し、お互いの国を好きになり、上手に付き合っていくために、英語でのコミュニケーションは今後一層求められていくでしょう。

　そんななかで、個人が英会話を楽しむことは、文化の違う国の方たちと言葉を交わす場面を積極的につくりだすことにつながるように思います。お互いを尊重し、理解する・されることの歓びは、陽だまりのような思い出となってそれぞれの人生に刻まれ、時に支えてくれます。

　伝わる言葉の素晴らしさを、いっしょに楽しみましょう。

著者

Contents

本書の語彙についての考え方

　本書掲載の英単語は、前述のように、実際の英会話教室のフリートークの時間帯で、生徒さんたちが使った単語の中から、意味や表現方法につまずきがあったものをリストにしたものです。

　英会話の「話す」スキルの上達に必要な二大要素は、

　　● 話慣れすること：所要会話時間数の確保

　　● 語彙を増やすこと：目標 10,000 語

に尽きるといってもいいでしょう。本書はこの二つめの要素「語彙」を補強する教材です。

　「日本人の会話を 80％理解するのに必要な語彙は約 10,000 語」というアメリカの公的機関の調査結果があります。つまり私たちが日本語で行っている会話をスムーズに英語で行うためには、英語においても 10,000 語の表現力が必要ということになります。

　皆さんは、中学校で習う語彙数（約 2,000 語）で会話ができるというキャッチーな表現を見かけたことがあると思いますが、どの単語をどう組み合わせて、わたしたちが普段使う 10,000 語を表現するのかを知らなければ、使える語彙にはなりません。

　また、種々の教育機関を卒業し、豊富な社会経験を持つ大人が、相応に知的な会話を交わすとき、中学校レベルの語彙で間に合うはずもありません。

　結局は、自分の資質に見合った言葉をより多く身につけることが、ストレスを減らし、スムーズな会話を成立させる実直な方法だというのが、私が英会話教室を長年運営してきてたどり着いたひとつのこたえです。

本書の利用方法

● 1 か月 100 単語 × 12 か月

　大きく 12 カ月分に単語・表現を分けました。季節に関する単語のほかにも、フリートークの話題として上ったさまざまな分野が収められています。

　単語集を学んでいくときに、初めからやって途中でギブアップ、という経験はありませんか。

　本書では、月毎の目標を、手が届くと感じられる 100 単語・表現におさめ、月が変わったタイミングに学ぶ範囲を変えるモチベーションとすることで、より多くの単語をカバーしてもらう工夫をしています。もちろん、1 日、あるいは 1 週間でカバーするページ数を決めて、最初の方から学習していくのもよいでしょう。

● 難易度にかかわらず、実際的な語彙をリスト化

　日常会話とは、その時その時のメンバーの個人的な興味や、社会情勢、大きなニュースなどにより、どちらの方向に展開するか予想がつかないものです。ですから、実際には英会話レベルの高い低いにかかわらず、同じ単語や表現が求められます。学校教育や英検のテストのように、予め範囲が制限されたシラバスに従って、順を追って学ぶ類のものではないのです。本書では実際的な語彙をランダムにカバーしています。

● 音声で発音を確認

　ダウンロード音声では、日本語の後に英語が発音されます。発音記号も付してありますが、耳で確認しながら正確な発音を練習しましょう。慣れてきたら、日本語を聞いて、英語の発音が聞こえる前に、素早く英語を言ってみてください。反射的に言えるようになると、いざ会話で必要なときにもスムーズに言葉が出てきます。

● 例文で使い方を確認

　例えば単語が動詞として使われる場合に、自動詞と他動詞では、前置詞のある
なしに違いがあります。また、名詞でしか知らなかった単語が、動詞としてもよ
く使われているということもあります。このような単語・表現には、使い方がの
み込みやすいように例文を補足してあります。

● 視認性を優先させたレイアウト

　スペースが限られているため、ミドルエイジやシニアを含む幅広い学習者が快
適と感じられるよう、視認性を優先させ、すっきりとしたデザインを採用しました。
したがって単語確認用のチェックボックスなどは付していません。余白に確認の
レ点を入れるなど有効にご活用ください。

音声ダウンロードについて

　本書に掲載されている単語・表現は無料でダウンロードすることができます。
　パソコンからインターネットで下記専用サイトにアクセスしてください。音声
は MP3 ファイル形式です。

音声ダウンロード　　https://www.happyglobeenglish.com/audio-pc/
キーコード　　　　　EITAN

スマートフォンの場合はコチラから▶

※本サービスは予告なく終了となる場合があります。

January

January

January

・初詣はどこに行きますか。
　Where do you go for the first visit of the year?

・成人を迎えた家族や親戚はいますか。
　Do you have any family members or relatives who have come of age?

・定期健診は受けていますか。
　Do you get regular medical checkups?

・資源、時間、労力を節約するためにふだんしていることはありますか。
　Is there anything you usually do to save resources, time, and labor?

1 成人の日	**Coming-of-Age Day** [kʌˈmiŋ əv éiʤ déi]	
2 神社	**shrine** [ʃráin]	
3 お寺	**temple** [témpl]	
4 〜歳になる	**turn** [təˈːrn]	彼は明日二十**歳になる**。 He **turns** 20 years old tomorrow.

5 親しい	**close** [klóus]	私には**親**友は少ししかいない。 I have very few **close** friends.
6 渋滞	**traffic jam** [træ'fik dʒæ'm]	
7 県	**prefecture** [prí:fektʃər]	
8 お知らせ	**notice** [nóutis]	
9 <ruby>鱈<rt>たら</rt></ruby>	**cod fish** [kɑ'd fíʃ]	
10 <ruby>猪<rt>いのしし</rt></ruby>	**wild boar** [wáild bɔ':r]	
11 内容	**content** [kántent]	
12 係	**clerk** [klə':rk]	

13 認知症	**dementia** [dimén∫ə]	
14 サイ	**rhino** [ráinou]	
15 運動する	**work out** [wə':rk áut]	私は週に2度ジムで**運動する**。 I **work out** in the gym twice a week.
16 体系的に	**systematically** [sìstəmæ'tik(ə)li]	
17 直径	**diameter** [daiæ'mətər]	
18 キリン	**giraffe** [dʒəræ'f]	
19 歩数	**step** [stép]	
20 辞める	**quit** [kwít]	ジムを**辞めた**。 I **quitted** the gym.

21 やめる	**give up** [gív ʌ'p]	彼女はタバコを**やめた**。 She **gave up** smoking.
22 脳	**brain** [bréin]	
23 ゆったり させる	**relaxing** [rilæ'ksiŋ]	そのセラピーは**リラックスさせる**音楽を使う。 The therapy uses **relaxing** music.
24 一回休みに なる	**lose a turn** [lú:z ə tə':rn]	
25 わたし ラッキー！	**Lucky me!** [lʌ'ki mí:]	
26 あなた ラッキーだね！	**Lucky you!** [lʌ'ki jú:]	
27 順番にやる	**take turns** [téik tə:rnz]	
28 〜を祈る	**pray for** [préi fɔ':r]	

29		
頻度	**frequency** [frí:kwənsi]	

30		
いいよ。	**Sure.** [ʃúər]	

31		
詳しいこと	**details** [dí:teilz]	

32		
焼きたて	**fresh from the oven** [fréʃ frʌ'm ðə ʌ'vən]	

33		
もう時間です。	**Time is up.** [táim iz ʌ'p]	

34		
騒ぎまわる	**party around** [pɑ':rti əráund]	

35		
コウノトリ	**stork** [stɔ':rk]	

36		
発酵させる	**ferment** [fərmént]	**発酵**食品は健康に良いと考えられている。 **Fermented** foods are considered to be healthy.

37 標識	**sign** [sáin]	
38 取り替える	**replace** [ripléis]	
39 糖尿病	**diabetes** [dàiəbí:tis]	
40 やんちゃ	**naughty** [nɔ́:ti]	
41 派手な	**flashy** [flǽʃi]	彼女は目立ちすぎないよう**派手な**服装を避けている。 She avoids **flashy** clothes so as not to stand out too much.
42 芝	**lawn** [lɔ́:n]	
43 放送される	**be aired** [bí: erd]	そのテレビ番組は先週**放送された**。 The TV program **was aired** last week.
44 放送する	**broadcast** [brɔ́:dkæ`st]	そのニュースは地方局で明日**放送される**。 The news is to be **broadcast** via a local channel.

45 初心者	**beginner** [bigínər]	
46 数値	**figure** [fígjər]	この**数値**は感染者の数を示している。 The **figure** represents the number of infected people.
47 好き嫌いが多い	**picky** [píki]	
48 過程	**process** [prəsés]	
49 介護施設	**nursing facility** [nə́ːrsiŋ fəsíləti]	
50 いい点	**benefits** [bénifits]	
51 人口減少	**depopulation** [diːpɑ`pjəléiʃ(ə)n]	
52 必要	**necessary** [nésəsèri]	

53 場合によって。	**It depends.** [ít dipéndz]	
54 しかたないね。	**It cannot be helped.** [ít kæ'nɑt bí: helpt]	
55 省エネ	**energy saving** [énərdʒi séiviŋ]	
56 節水	**water saving** [wɔ':tər séiviŋ]	
57 時間の節約	**time saving** [táim séiviŋ]	
58 労力	**labor** [léibər]	
59 意見	**opinion** [əpínjən]	
60 生じさせる	**generate** [dʒénərèit]	モーターは熱を**発する**。 Motors **generate** heat.

61 冷蔵庫	**fridge** [frídʒ]	
62 冷凍庫	**freezer** [fríːzər]	
63 ～の心配をする	**be worried about ~** [bí: wəˈːrid əbáut]	
64 準備ができている	**be prepared** [bí: pripéərd]	
65 休校になっている	**be closed** [bí: klóuzd]	学校は大雨警報のため、**休講になっている**。 The school **is closed** due to a heavy rain warning.
66 賃金	**wage** [wéidʒ]	
67 疲れる	**get tired** [gét táiərd]	
68 くたくたになる	**be exhausted** [bí: igzɔˈːstid]	仕事で**くたくただ**。 I'm **exhausted** from work.

69 材料	**ingredient** [ingrí:diənt]	
70 殻	**shell** [ʃél]	エビの**殻**をむいてね。 Strip the **shell** off the prawns.
71 基本的な	**basic** [béisik]	
72 いちばん 簡単な	**simplest** [símplist]	
73 長さ	**length** [léŋ(k)θ]	
74 幅	**width** [wídθ]	
75 高さ	**height** [háit]	
76 深さ	**depth** [dépθ]	

77 相手	**opponent** [əpóunənt]	その力士は**相手**を土俵の外に押し出した。 The sumo wrestler pushed his **opponent** out of the ring.
78 ～している間	**while** [(h)wáil]	
79 みかん	**mandarin orange** [mæ'ndərin ɔ':rindʒ]	
80 まもなく	**shortly** [ʃɔ':rtli]	結果は**まもなく**発表される。 The result is to be announced **shortly**.
81 トラブル	**problem** [prɑ'bləm]	
82 リス	**squirrel** [skwə':rəl]	
83 私の場合は	**in my case** [ín mái kéis]	
84 感激する	**be moved** [bí: mu:vd]	あの話には**感動した**。 I **was moved** by the story.

85 感銘を受ける	**be impressed** [bí: imprést]	彼女の勇気は**すごい**。 I **was impressed** by her courage.
86 予算	**budget** [bʌ'dʒit]	
87 呼ぶ	**invite** [inváit]	友だちを**呼んで**お茶をした。 I **invited** my friends to have some tea.
88 劇的な	**dynamic** [dainæ'mik]	
89 あくびをする	**yawn** [jɔ':n]	子猫は**あくびをした**。 The kitten **yawned**.
90 ラップ	**cling film** [klíŋ fílm]	
91 先輩	**elder colleague** [éldər kɑ'li:g]	
92 定期健診	**regular checkup** [régjulər tʃékʌp]	

93 生	**raw** [rɔ':]	
94 予約	**appointment** [əpɔ'intmənt]	歯医者の**予約**を取った。 I made an **appointment** at the dental clinic.
95 自由の女神	**Statue of Liberty** [stæ'tʃu: əv líbərti]	
96 おしまいに する	**wrap up** [ræ'p ʌ'p]	会議を**終わりにしましょう**。 Let's **wrap up** the meeting.
97 待つ	**expect** [ikspékt]	**お待ち**していました。 I have been **expecting** you.
98 証拠	**evidence** [évədəns]	
99 記者会見	**press conference** [prés kɑ'nf(ə)rəns]	
100 お土産	**souvenir** [sù:vəníər]	

February
February
February

・好きな寿司ネタはなんですか。
What are your favorite ingredients for sushi?

・雪のトラブルに遭ったことはありますか。
Have you ever had problems with snow?

・病気やケガで入院したことはありますか。
Have you ever been hospitalized due to a sickness or an injury?

・あなたの地域に外国人はいますか。
Are there foreigners in your neighborhood?

2

1 コツ	**tip** [típ]	私の先生は作文が上手くなる**コツ**を教えてくれた。 My teacher gave me some **tips** to improve my essay.
2 吹雪	**snow storm** [snóu stɔ́:rm]	
3 しなくては いけない	**need to** [ní:d tə]	もっと自分の町を知ら**なくちゃね**。 I **need to** know more about my hometown.
4 おすすめする	**recommend** [rèkəménd]	

5 状態になる	**get** [gét]	私は**疲れ**やすい。 I **get** tired easily.
6 粗い	**rough** [rʌ'f]	
7 教頭先生	**vice principal** [váis prínsəpəl]	
8 隠れ キリシタン	**hidden Christian** [hídn krístʃən]	
9 難民	**refugee** [rèfjuʤí:]	
10 キリスト教	**Christianity** [krìstʃiæ'nəti]	
11 ほとんど	**almost** [ɔ':lmoust]	落第する**ところ**だった。 I **almost** failed.
12 簡易の	**simplified** [símpləfaid]	

13 楽しめる	**enjoyable** [indʒɔ'iəbl]	クルーズ船で**楽しく**過ごせると思うよ。 I bet you will have an **enjoyable** time on the cruise.
14 もったいない！	**It's a waste!** [its ə wéist]	
15 その日に	**on the same day** [ɑ'n ðə séim déi]	
16 ホタテ貝	**scallop** [skɑ'ləp]	
17 ひとり暮らしをする	**live alone** [lív əlóun]	
18 茹でる	**boil** [bɔ'il]	
19 釣り	**fishing** [fíʃiŋ]	
20 ギヤ	**gear** [gíər]	

21		
起業家	**entrepreneur** [ɑ`:ntrəprənə':r]	

22		
ハマチ	**yellow tail** [jélou téil]	

23		
ニュアンス	**touch** [tʌ'tʃ]	

24		
人と交わる	**socialize** [sóuʃəlàiz]	私の父は**社交**家なんです。 My father loves **socializing** with people.

25		
任せて。	**Leave it to me.** [líːv ít tə míː]	

26		
嫌う	**hate** [héit]	

27		
寒さ	**coldness** [kouldnəs]	

28		
イクラ	**salmon roe** [sæ'mən roe]	

29 大学生	**undergraduate student** [ʌ̀ndəgræˈdʒuət st(j)úːdnt]	
30 講義	**lecture** [léktʃər]	
31 骨折	**broken bone** [bróukən bóun]	
32 がんばり	**effort** [éfərt]	私の娘は宅建の資格を取るのにとても**がんばった**。 My daughter made a great **effort** to obtain the real estate license.
33 生魚	**raw fish** [rɔː fíʃ]	
34 困る	**be at a loss** [bíː ət ə lɔ́ːs]	
35 車エビ	**prawn** [prɔ́ːn]	
36 芝エビ	**shrimp** [ʃrímp]	

37 伊勢エビ	**lobster** [lɑ'bstər]	
38 外国人	**foreigner** [fɔ':rənər]	
39 地元住民	**local** [lóukəl]	その店は**地元の人**に人気がある。 The restaurant is popular among **locals**.
40 伝統的な	**traditional** [trədíʃənl]	
41 家宝	**heirloom** [éərlù:m]	その農家さんは在来野菜を**家宝**としている。 The farmer regards native varieties of vegetables as **heirlooms**.
42 作物	**crops** [krɑ:ps]	
43 特別な	**special** [spéʃəl]	
44 整形外科	**orthopedics** [ɔ`:rθəpí:diks]	

45 移植する	**transplant** [trænsplæ'nt]	
46 どういう 意味ですか。	**What does it mean?** [(h)wʌt dʌ'z ít mí:n]	
47 民族	**tribe** [tráib]	
48 ことば	**language** [læ'ŋgwidʒ]	彼の**ことば遣い**は上品だ。 His **language** is sophisticated.
49 中級	**intermediate** [ìntərmí:diət]	
50 施設	**facility** [fəsíləti]	
51 工事	**construction** [kənstrʌ'kʃən]	その建物は**工事**中だ。 The building is under **construction**.
52 予定が 詰まっている	**be tied up** [bí: taid ʌ'p]	

53 番号をふる	**number** [nʌˈmbər]
54 券	**ticket** [tíkit]
55 ～したものだ	**used to** [júːst tə] ＊発音注意
56 水しぶき	**splash** [splæˈʃ]
57 恥ずかしい	**be embarrassed** [bíː imbæˈrəst]
58 研究室	**laboratory** [læˈb(ə)rətɔ`ːri]
59 研究者	**researcher** [risəˈːrtʃər]
60 何か月も	**for months** [fɔˈːr mʌn(t)θs] ＊発音注意

61 養殖	**cultivation** [kʌ̀ltəvéiʃən]	
62 養殖する	**cultivate** [kʌ'ltəvèit]	
63 飼育する	**breed** [brí:d]	
64 感謝の気持ち	**appreciation** [əprìːʃiéiʃən]	大統領はエッセンシャルワーカーに**感謝の気持ち**を示した。 The president expressed his **appreciation** for essential workers.
65 急坂	**steep slope** [stíːp slóup]	
66 後ろ方向に	**backward** [bæ'kwərd]	
67 商工会議所	**chamber of commerce** [tʃéimbər əv kɑ'mərs]	
68 証拠	**proof** [prúːf]	

69 脈	**pulse** [pʌ'ls]	私は血圧と**脈拍数**を毎日つけている。 I record my blood pressure and **pulse** everyday.
70 入院する	**be hospitalized** [bí: hɑ'spit(ə)laizd]	
71 一人分	**portion** [pɔ':rʃən]	
72 挽いて 粉にする	**grind** [gráind]	大豆を**挽いて粉にする** **grind** soy beans into powder
73 袖	**sleeve** [slí:v]	
74 機会	**occasion** [əkéiʒən]	
75 泡だて器	**whisk** [(h)wisk]	
76 説明する	**describe** [diskráib]	状況を**説明して**もらえますか。 Please **describe** the situation.

77 間違い電話	**wrong call** [rɔ'ː ŋ kɔ'ː l]	
78 血液の癌	**blood cancer** [blʌ'd kæ'nsər]	
79 白血病	**leukemia** [luːkíːmiə]	
80 現れる	**emerge** [imə'ːrdʒ]	新たなオンライン市場が**台頭してきた。** A new online market has **emerged**.
81 安い	**cheap** [tʃíːp]	
82 高い	**expensive** [ikspénsiv]	
83 束	**bunch** [bʌ'ntʃ]	
84 克服する	**overcome** [òuvəkʌ'm]	

85 池	**pond** [pɑ'nd]	
86 欠けている	**missing** [mísiŋ]	この絵には何かが**足りない**。 Something is **missing** in this picture.
87 興味深い	**interesting** [ínt(ə)rəstiŋ]	
88 言い回し	**phrase** [fréiz]	
89 才能がある	**be talented** [bí: tæ'ləntid]	
90 機能	**function** [fʌ'ŋ(k)ʃ(ə)n]	新型車の最新の**機能**には驚いたよ。 I was amazed at the latest **functions** of the new model car.
91 居心地が悪い	**uncomfortable** [ʌ`nkʌ'm(p)ftəbl]	
92 酢味噌	**sweetened miso paste with vinegar** [swíːt(ə)nd míːsou péist wíð vínigər]	

93 〜を使って 料理した	**cooked with** [kúkt wíð]	
94 きつね色	**golden brown** [góuld(ə)n bráun]	母はとびきりの、**きつね色**に揚がっ たフライドチキンを作る。 My mother makes perfect, **golden brown** fried chicken.
95 提出する	**turn in** [təː́rn ín]	私は市役所にその書類を**提出した**。 I **turned in** the document to the city office.
96 注目	**attention** [əténʃən]	新しいシステムはスマートフォン ユーザーの**注目**を集めた。 The new system attracted the **attention** of smartphone users.
97 集まり	**gathering** [gǽð(ə)riŋ]	
98 左利き	**left-handed** [lèfthǽndid]	
99 溶岩	**lava** [láːvə]	
100 梅	**plum** [plʌ́m]	

March

・お気に入りのお花見スポットはどこですか。
　Which are your favorite spots for cherry blossom viewing ？

・宿坊に泊まったことはありますか。
　Have you ever stayed at temple lodgings ？

・男性の育休・産休取得についてどう思いますか。
　What do you think about childcare leave and maternity leave for men?

・職場や学校でプレゼンをしたことはありますか。
　Have you ever given a presentation at work or school?

1 よい点	**merit** [mérit]	
2 小惑星	**asteroid** [ǽstərɔ`id]	
3 けち	**miser** [máizər]	
4 ご馳走する	**treat** [tríːt]	今日は私の**おごり**ですよ。 I'll **treat** you today.

5 積み重なる	**accumulate** [əkjúːmjulèit]	
6 フン	**dropping** [drɑ́ːpiŋ]	鳥の糞は金属をダメにすることがある。 Bird **droppings** can damage metals.
7 カプセル	**capsule** [kǽpsəl]	
8 おかしい	**funny** [fʌ́ni]	
9 追跡する	**track** [trǽk]	
10 家系図	**family tree** [fǽm(ə)li tríː]	
11 拍手をする	**clap one's hands** [klǽp wʌ́nz hǽnz]	
12 溶ける	**melt** [mélt]	雪が**溶けた**。 The snow **melted**.

13 重宝だ	**handy** [hǽ'ndi]	この電子辞書は本当に**重宝する**。 This electronic dictionary is really **handy**.
14 時間の経つ のは早い。	**Time flies.** [táim flaiz]	
15 眩暈が している	**dizzy** [dízi]	**眩暈がする**。 I am **dizzy**.
16 眩暈	**dizziness** [dízinəs]	
17 ご先祖様	**ancestor** [ǽ'nsestər]	
18 ひどい	**terrible** [térəbl]	
19 申告する	**declare** [diklέər:]	
20 背泳ぎ	**back stroke** [bǽ'k stróuk]	

21 妙な	**weird** [wíərd]	**妙な**メールが来た。 I've got a **weird** email.
22 おかしい (いつもと違う)	**odd** [ɑ'd]	彼の振る舞いは**変だ**。 His behavior is **odd**.
23 宿坊	**temple lodging** [témpl lɑ'ʤiŋ]	
24 〜しなくて よい	**don't need to** [dount níːd tə]	きみは心配**しなくていい**。 You **don't need to** worry.
25 だるい	**feel heavy** [fíːl hévi]	体が**だるい**。 My body **feels heavy**.
26 処分する	**dispose** [dispóuz]	
27 才能に 恵まれた	**be gifted** [bíː gíftid]	その子は音楽の**才能に恵まれている**。 The child **is gifted** musically.
28 じっと している	**stay still** [stéi stíl]	

29 怪我	**injury** [índʒ(ə)ri]	
30 休み (休憩)	**rest** [rést]	
31 現在は	**currently** [kəʹːrəntli]	
32 捨てる	**throw away** [θróu əwéi]	
33 羨む	**envy** [énvi]	いいなあ! I **envy** you!
34 女神	**goddess** [gɑʹdis]	
35 参加者	**participants** [pərtísip(ə)nts]	
36 不便	**inconvenience** [ìnkənvíːniən(t)s]	ご**不便**をおかけしてすみません。 Sorry for the **inconvenience**.

37 使い捨ての	**disposable** [dispóuzəbl]	
38 セットで	**as a set** [əz ə sét]	
39 一面	**aspect** [æ'spekt]	
40 方言	**dialect** [dáiəlèkt]	
41 地方のことば	**local language** [lóukəl læ'ŋgwiʤ]	
42 赤道	**equator** [ikwéitər]	
43 妊娠	**pregnancy** [prégnənsi]	
44 産む	**give birth to** [gív bə':rθ tə]	彼女は女の子を**産んだ**。 She **gave birth to** a girl.

45 後半	**latter part** [læ'tər pɑ':rt]	
46 深める	**deepen** [dí:pən]	
47 偶然だなあ！	**What a coincidence!** [(h)wʌt ə kouínsid(ə)ns]	
48 作曲家	**composer** [kəmpóuzər]	
49 楽しませる	**amuse** [əmjú:z]	彼はみんなを**楽しませる**。 He **amuses** people.
50 変な （不思議な）	**strange** [stréindʒ]	
51 ホッとした！	**Huge relief!** [hju:dʒ rilí:f]	
52 休み（休日）	**day-off** [déi ɔ':f]	

53 今後は	**from now on** [frʌ'm náu ɑ'n]	
54 回復する	**recover** [rikʌ'vər]	
55 これまでの ところ	**until now** [əntíl náu]	
56 前進する	**move on** [mú:v ɑ'n]	
57 文章	**text** [tékst]	
58 お墓	**grave** [gréiv]	墓参りをした。 I visited my family's **grave**.
59 ふきのとう	**butterbur** [bʌ'tərbə`:r]	
60 気にする	**mind** [máind]	

61		
どうぞ進めて ください。	**Please go ahead.** [plí:z góu əhéd]	
62		
お祈り	**prayer** [préər]	住職が**お祈り**を唱えた。 The chief priest offered **prayers**.
63		
御祈祷 <small>ご きとう</small>	**special prayer** [spéʃəl préər]	
64		
花見	**cherry flower viewing** [tʃéri fláuər vjú:iŋ]	
65		
神職 <small>しんしょく</small>	**Shinto priest** [ʃíntou prí:st]	
66		
宿泊施設	**accommodation** [əkɑ`mədéiʃən]	
67		
まだ	**yet** [jét]	**まだ**申し込みをしていない。 I haven't applied **yet**.
68		
錆 <small>さび</small>	**rust** [rʌˈst]	

69 防止する	**prevent** [privént]	
70 出来事	**event** [ivént]	あなたの人生での**出来事**を思い出してください。 Please remember the **events** in your journey of life.
71 遠足 (学校の社会科見学)	**field trip** [fíːld tríp]	
72 留学生	**foreign student** [fɔ́ːrən st(j)úːdnt]	
73 精製する	**refine** [rifáin]	
74 初級	**elementary** [èləmént(ə)ri]	
75 置く	**place** [pléis]	
76 稼ぐ	**earn** [ə́ːrn]	

77 現在の	**current** [kəˈːrənt]	
78 表面	**surface** [səˈːrfis]	
79 共有する	**share** [ʃéər]	
80 に慣れる	**get accustomed to** [gét əkʌˈstəmd tə]	きつい仕事にも**慣れた**。 I **got accustomed to** hard work.
81 事情	**situation** [sìtʃuéiʃən]	**まずいこと**になったぞ。 We have a **situation**.
82 瞑想	**meditation** [mèdətéiʃən]	
83 マインド フルネス	**mindfulness** [máin(d)f(ə)lnəs]	
84 どうかなと 思う	**wonder** [wʌˈndər]	私に家が買える**だろうか**。 I **wonder** if I can afford a house.

85 破水する	**one's water breaks** [wʌ'nz wɔ':tər breiks]	彼女は**破水した**。 **Her water broke**.
86 たまに	**once in a while** [wʌ'ns ín ə (h)wáil]	
87 体操	**gymnastics** [ʤimnæ'stiks]	彼は**体操**部だ。 He belongs to a **gymnastics** club.
88 尿検査	**urine test** [jú(ə)rin tést]	
89 痛い	**painful** [péinfəl]	
90 子宮	**womb** [wú:m]	
91 行う	**perform** [pərfɔ':rm]	年に一度メンテナンスを**行う**。 We **perform** maintenance once a year.
92 発表を行う	**give a presentation** [gív ə prèzəntéiʃən]	

93 緊張する	**get nervous** [gét nəː'rvəs]	だれでもはじめは**緊張する**。 Everybody **gets nervous** at first.
94 参加する （一員になる）	**join** [ʤɔ'in]	勉強会に**参加した**。 I **joined** the study session.
95 遠足（大人の 小旅行）	**excursion** [ikskə'ːrʒən]	授業料には**遠足**が含まれている。 The tuition includes **excursion** fees.
96 商用	**commercial use** [kəmə'ːrʃəl júːz]	
97 元の	**former** [fɔ'ːrmər]	**元**同僚に会った。 I met a **former** colleague.
98 専門学校	**vocational school** [voukéiʃ(ə)nəl skúːl]	
99 しょっちゅう	**frequently** [fríːkwəntli]	
100 遠い	**remote** [rimóut]	技術により**遠い**場所にいる人々ともコミュニケーションが取れるようになった。 Technology made it possible to communicate with people in **remote** areas.

・健康や食事に気を付けていますか。
  Do you care about your health and diet?

・あなたは楽観的？それとも悲観的？
  Are you optimistic? Or pessimistic?

・あなたの住む都市にはどんな文化遺産がありますか。
  Could you please describe the cultural heritage of your city?

・ゴールデンウィークには何をしますか。
  Do you have any plans for Golden Week?

4

1 結婚	**marriage** [mǽ'riʤ]	
2 お祝い	**celebration** [sèləbréiʃən]	
3 お祝いする	**celebrate** [séləbrèit]	
4 組立てる	**assemble** [əsémbl]	

5 天皇	**emperor** [émp(ə)rər]	
6 皇后	**empress** [émpris]	
7 観察する	**observe** [əbzə':rv]	
8 飛沫	**droplet** [drɑ'plit]	
9 ホヤ	**sea pineapple** [sí: páinæˋpl]	
10 ナマコ	**sea cucumber** [sí: kjú:kʌmbər]	
11 目に見えない	**invisible** [invízəbl]	
12 乾燥させた	**dried** [dráid]	

13 迷惑な	**annoying** [ənɔ'iiŋ]	
14 教える	**tell** [tél]	そこへ行く道を**教えてくれる**？ Could you please **tell** me how to get there?
15 説明する	**explain** [ikspléin]	
16 再開する	**resume** [rizú:m]	
17 投票する	**vote** [vóut]	市議選では多くの人が新しい候補者に**投票した**。 Many people **voted** for the new candidate in the city assembly election.
18 選挙	**election** [ilékʃən]	
19 部品	**part** [pɑ':rt]	
20 団子	**dumpling** [dʌ'mpliŋ]	

21 慌てる	**be upset** [bí: `ʌpsét]	彼はその知らせにかなり**動揺した**ようだった。 He seemed to **be** quite **upset** at the news.
22 美味しい	**yummy** [jʌ'mi]	
23 身分証	**ID card** [áidí: kɑ':rd]	
24 謝る	**apologize** [əpɑ'ləʤàiz]	
25 お詫び	**apology** [əpɑ'ləʤi]	<u>ごめんなさい</u>。 **Apologies**!
26 悲観主義	**pessimistic** [pèsəmístik]	
27 楽観主義	**optimistic** [ɑ`ptəmístik]	
28 否定的	**negative** [négətiv]	

29 賛成	**positive** [pɑ'zətiv]	そのプロジェクトには**賛成**だな。 I'm **positive** about the project.
30 盗む	**steal** [stíːl]	
31 願う	**wish** [wíʃ]	
32 花粉	**pollen** [pɑ'lən]	**花粉**アレルギーなんですよ。 I have a **pollen** allergy.
33 花粉症	**hay fever** [héi fíːvər]	
34 時間がある	**afford the time** [əfɔ':rd ðə táim]	あの頃は旅行する**時間はなかった**なあ。 We could**n't afford the time** for travel at that time.
35 お気の毒に！	**What a pity!** [(h)wʌt ə píti]	
36 かわいそうに！	**Poor you.** [púər júː]	

37 充電する	**charge** [tʃɑˈːrdʒ]	
38 つぼみ	**bud** [bʌˈd]	
39 治療	**treatment** [tríːtmənt]	彼女の皮膚のトラブルは大学病院での**治療**が必要だった。 Her skin problem required **treatment** in a university hospital.
40 育てる	**grow** [gróu]	
41 生誕地	**birth place** [bəˈːrθ pléis]	
42 経営する	**run** [rʌˈn]	
43 入場料	**admission fee** [ædmíʃən fíː]	
44 成功する	**succeed** [səksíːd]	彼女はライターとして**成功した**。 She **succeeded** as a writer.

45 確信がある	**sure** [ʃúər]	本当にそうですか。 Are you sure?
46 幼稚園	**kindergarten** [kíndərgàːrtn]	
47 小学校	**elementary school** [èləmént(ə)ri skúːl]	
48 祝日	**holiday** [hɑ'lədèi]	
49 恋しい	**miss** [mís]	日本食が**恋しい**。 I **miss** Japanese dishes.
50 料理上手	**good cook** [gúd kúːk]	
51 真ん中	**middle** [mídl]	
52 内科	**physician** [fizíʃən]	

53 アンケート	**questionnaire** [kwèstʃənéər]	
54 太っている	**heavy** [hévi]	
55 恐い	**be scared** [bí: skéərd]	私は注射が**怖い**。 I**'m scared** of injections.
56 アレルギー	**allergy** [ǽ'lərdʒi]	
57 ソーイング	**sewing** [sóuiŋ]	
58 〜の間	**during** [d(j)ú(ə)riŋ]	夏休み**の間**、私は避暑地にいた。 **During** the summer vacation, I stayed at a summer resort.
59 財産	**property** [prɑ'pərti]	
60 文化遺産	**cultural asset** [kʌ'ltʃ(ə)rəl ǽ'set]	

61 爪切り	**clipper** [klípər]	
62 片付ける	**clear** [klíər]	朝から通りの**雪かきをした**よ！ I **cleared** the road of snow this morning!
63 里芋	**taro** [tɑ':rou]	
64 倒産	**bankruptcy** [bæ'ŋkrʌptsi]	
65 引き出す	**withdraw** [wiðdrɔ':]	ATMで現金を**引き出す**必要はない。 You don't need to **withdraw** cash from the ATM.
66 お腹	**belly** [béli]	
67 現象	**phenomenon** [finɑ'mənɑ`n]	
68 大きい道路	**major street** [méidʒər strí:t]	

69 交差点	**crossroads** [krɑ'ːsroudz]	
70 カレイ	**flatfish** [flæ'tfiʃ]	
71 くるみ	**walnut** [wɔ'ːlnʌ`t]	
72 大根おろし	**grated Japanese radish** [gréitid ʤæ`pəníːz ræ'diʃ]	
73 充電器	**charger** [tʃɑ'ːrʤər]	
74 世界遺産	**world heritage** [wə'ːrld héritiʤ]	
75 行先	**destination** [dèstənéiʃən]	
76 礼儀正しい	**polite** [pəláit]	

77 残す	**leave** [líːv]	
78 家族	**family members** [fǽmˈm(ə)li mémbərz]	
79 じゃないか と思う	**guess** [gés]	それは道理にかなっていると**思う**。 I **guess** it makes sense.
80 煩わしい	**troublesome** [trʌ́blsəm]	
81 夢中になる	**crazy** [kréizi]	彼は野球に**夢中**だ。 He is **crazy** about baseball.
82 電圧	**voltage** [vóultidʒ]	
83 クレームを つける	**complain** [kəmpléin]	
84 料理（ひと品）	**dish** [díʃ]	

85 目玉焼き	**sunny-side up** [sʌ'ni sáid ʌ'p]	
86 うなぎ	**eel** [íːl]	
87 ひとりで	**alone** [əlóun]	私の叔母は**ひとり**暮らしだ。 My aunt lives **alone**.
88 開花する	**blossom** [blɑ'səm]	桜はいつもより早く**開花した**。 The cherry trees **blossomed** earlier than usual.
89 鰹節 (削り節)	**shaved bonito** [ʃéivd bəníːtou]	
90 免疫力	**immunity** [imjúːnəti]	
91 知能が高い	**intelligent** [intélədʒənt]	
92 もがく	**struggle** [strʌ'gl]	この問題に対処するのに我々の チームはひじょうに**苦労した**。 Our team **struggled** a lot to tackle the issue.

93 出張	**business trip** [bíznis tríp]	
94 揚げ物	**deep-fried dish** [dì:pfráid díʃ]	
95 警察官	**police officer** [pəlí:s ɔ':fisər]	
96 牡丹（ぼたん）	**peony** [pí:əni]	
97 景色	**landscape** [læ'ndskèip]	
98 おしゃべり	**talkative** [tɔ':kətiv]	
99 眺め	**view** [vjú:]	
100 辛いこと	**hardship** [hɑ':rdʃip]	彼女は若い頃から**苦労**してきた。 She experienced **hardships** from a young age.

- あなたのお家には鯉のぼりや兜はありますか。
  Do you have carp streamers or a decorative samurai helmet in your house?

- 石油由来の資源にかわる有望なエネルギーはなんだと思いますか。
  What do you think are the viable energy alternatives to petroleum-derived resources?

- 虫歯でたいへんな思いをしたことはありますか。
  Have you ever suffered from tooth decay?

- お気に入りのドライブコースはありますか。
  Please tell us about your favorite routes to drive.

1 イメージ	**picture** [píktʃər]	
2 鯉のぼり	**carp streamers** [kɑ':rp strí:mərz]	
3 半分	**half** [hæ'f]	
4 継続する	**last** [læ'st]　＊動詞	

5 展示会	**exhibition** [èksəbíʃən]	
6 展示する	**exhibit** [igzíbit]	
7 見せる	**display** [displéi] ＊動詞	
8 すばらしい	**terrific** [tərífik]	
9 転ぶ	**fall** [fɔ':l]	
10 あり得ない	**incredible** [inkrédəbl]	
11 前半	**first half** [fə':rst hæ'f]	
12 意味	**meaning** [mí:niŋ]	

13 出版する	**publish** [pʌˈbliʃ]	
14 メーカー	**make** [méik]	あなたの電話はどこの**メーカー**のものですか。 What **make** is your PC?
15 注文する	**order** [ɔ́ː.rdər]	
16 ホチキス	**staple** [stéipl]	
17 食べ物	**food** [fúːd]	
18 近所の人	**neighbor** [néibər]	
19 患者	**patient** [péiʃənt]	
20 可燃ごみ	**burnable garbage** [bəˈːrnəbl ɡɑ́ːrbidʒs]	

21 ヒント	**clue** [klúː]	
22 年配の人	**elderly** [éldərli]	
23 下痢	**diarrhea** [dàiəríːə]	
24 厳しい	**strict** [stríkt]	うちの学校の校則は**厳しい**。 My school has **strict** rules.
25 ぬいぐるみ	**stuffed animal** [stʌft ǽ'nəməl]	
26 名詞	**noun** [náun]	
27 形容詞	**adjective** [ǽ'ʤiktiv]	
28 文	**sentence** [séntəns]	

29 助詞	**particle** [pɑ'ːrtikl]	日本語では**助詞**は重要な役割を果たしている。 **Particles** play an important role in Japanese.
30 花びら	**petal** [pétl]	
31 少し	**a bit** [ə bít]	
32 ブレーキ	**brake** [bréik]	**ブレーキ**を踏んだ。 I stepped on the **brake**.
33 アクセル	**accelerator** [æksélərèitər]	
34 温度計	**thermometer** [θərmɑ'mətər]	
35 卒中	**stroke** [stróuk]	
36 発作	**attack** [ətæ'k]	

37 払い戻す	**refund** [rifʌ'nd]	
38 操作する	**operate** [ɑ'pərèit]	
39 知事	**governor** [gʌ'vərnər]	
40 義務	**obligation** [ɑ`bləgéiʃən]	
41 探知器	**detector** [ditéktər]	
42 電子機器	**device** [diváis]	
43 液化ガス	**liquified gas** [líkwifaid gæ's]	
44 石油	**petroleum** [pətróuliəm]	

45 ガソリン	**gas** [gǽs]	
46 液化させる	**liquify** [líkwifài]	
47 液体	**liquid** [líkwid]	
48 練習する	**practice** [prǽktis]	
49 触発される	**be inspired** [bí: inspáiərd]	
50 布	**cloth** [klɔ́:θ]	テーブルに掛ける**布**を手に入れた。 I got a **cloth** to cover the table.
51 後ろに	**behind** [biháind]	その店員はカウンターの**後ろに**いた。 The clerk was **behind** the counter.
52 仏教	**Buddhism** [bú:dizm]	

53 仏像	**Buddhist statue** [búːdist stæˈtʃuː]	
54 知り合い	**acquaintance** [əkwéint(ə)ns]	
55 標準	**standard** [stæˈndərd]	
56 母語	**mother tongue** [mʌˈðər tʌˈŋ]	
57 付き添う	**accompany** [əkʌˈmp(ə)ni]	私は母に**付き添って**病院に行った。 I **accompanied** my mother to the hospital.
58 布地	**fabric** [fæˈbrik]	明治時代には絹**織物**が盛んに輸出された。 In the Meiji Era, silk **fabrics** were exported actively.
59 素材	**material** [mətí(ə)riəl]	
60 危険にさらす	**endanger** [indéindʒər]	多くの野生動物が**危機に瀕している**。 Many wild animals are **endangered**.

61 痛む	**hurt** [hə':rt]	膝が**痛い**。 My knee **hurts**.
62 害を及ぼす	**harm** [hɑ':rm]	
63 害虫	**harmful insects** [hɑ':rmfəl ínsekts]	
64 タバコの 吸い殻	**cigarette butt** [sìgərét bʌ't]	
65 営業担当	**sales person** [séilz pə':rsn]	
66 会長	**chair** [tʃéər]	
67 好む	**prefer** [prifə':r]	
68 筋肉痛	**muscle ache** [mʌ'sl éik]	

69 勉強する	**learn** [lə':rn]	その体験は**勉強になった**。 I **learned** from the experience.
70 〜もまた 〜ない	**neither** [ní:ðər]	きみが参加しないなら私**もしない**。 If you don't join in, **neither** will I.
71 強いる	**force** [fɔ':rs]	
72 材木	**timber** [tímbər]	
73 丸太	**log** [lɔ':g]	
74 虫歯	**tooth decay** [tú:θ dikéi]	
75 フッ素 （化合物）	**fluoride** [flú(ə)raid]	**フッ素**は虫歯を防ぐ。 **Fluoride** helps prevent tooth decay.
76 後悔する	**regret** [rigrét]	

77 案内システム	**navigation system** [næ`vəɡéiʃən sístəm]	
78 挨拶	**greeting** [ɡríːtiŋ]	
79 草取りを する	**weed** [wíːd]	
80 ゲスト	**guest** [ɡest]	
81 〜するよう 頼まれる	**be asked to** [bíː æskt tə]	
82 必要性	**necessity** [nəsésəti]	
83 増える	**increase** [inkríːs]	感染者が**増えている**。 The number of infected people is **increasing**.
84 八角 ^{はっかく}	**star anis** [stɑ':r ɑ':niːs]	

85 親戚	**relative** [rélətiv]	
86 社長	**president** [prézədənt]	
87 生産者	**producer** [prəd(j)úːsər]	
88 予約する	**book** [búk]	私はオンラインツアーを**予約した**。 I **booked** an online tour.
89 意地悪	**mean** [míːn]	私は彼に**意地悪**だった。 I was **mean** to him.
90 カーナビ	**GPS** [dʒìːpiːés]	
91 用事	**errands** [érəndz]	
92 発送する	**ship** [ʃíp]	本日商品を**発送しました**。 We **shipped** the product today.

93 大手の	**major** [méiʤər]	彼女は**大手** IT 企業で働いている。 She works with a **major** IT company.
94 すばらしい	**awesome** [ɔ':səm]	
95 空間	**space** [spéis]	
96 歯磨き粉	**toothpaste** [tú:θpeist]	
97 有毒な	**toxic** [tɑ'ksik]	
98 タイヤ	**wheel** [(h)wi:l]	
99 穴	**cavity** [kæ'vəti]	歯科医は歯にできた**穴**を埋めた。 The dentist filled the **cavity** in the tooth.
100 お尻	**bottom** [bɑ'təm]	長時間座ったので**お尻**が痛くなった。 My **bottom** hurts because I was sitting for a long time.

June

June

June

- 通勤・通学の交通手段は何ですか。
  What means of transportation do you use for commuting to work or school?

- 身近に介護施設にお世話になっている人はいますか。
  Is there someone close to you who is being cared for at a nursing facility?

- 同窓会や社員旅行で温泉に泊まったことはありますか。
  Have you ever stayed at a hot spring inn for a class reunion or a company trip?

- 家族や友達とケンカしたあとの、仲直りのコツは？
  What are the best tips for making up with your family or friends after having quarreled with them?

1 元の意味	**original meaning** [ərídʒənl míːniŋ]	
2 減る	**decrease** [dikríːs]	
3 依存症になっている	**addicted** [ədíktid]	多くの若者がゲーム**依存症になっている**。 A large number of children are **addicted** to video games.
4 バイリンガル	**bilingual** [bailíŋgwəl]	

5 触れる （言及する）	**mention** [ménʃən]	
6 真似する	**mimic** [mímik]	
7 味がする	**taste** [téist]	そのマンゴーはとても甘かった。 The mango **tasted** so sweet.
8 授業中に	**in class** [ín klæ's]	
9 マグロ	**tuna** [t(j)ú:nə]	
10 重機	**heavy equipment** [hévi ikwípmənt]	
11 きちんと している	**neat** [ní:t]	
12 計画的な	**organized** [ɔ':rgənàizd]	彼は**几帳面な**人だ。 He is an **organized** person.

13 犯罪を犯す	**commit a crime** [kəmít ə kráim]	
14 ～する価値がある	**worth doing** [wəˈːrθ dúːiŋ]	やってみる価値はあるよ。 It's **worth trying**.
15 価値	**value** [væˈljuː]	
16 価値の高い	**valuable** [væˈljuəbl]	
17 建て直す	**rebuild** [rìːbíld]	
18 レンジ	**microwave oven** [máikrouweiv ʌˈvən]	
19 上品な	**sophisticated** [səfístəkèitid]	
20 <ruby>茎<rt>くき</rt></ruby>	**stem** [stém]	

21 荷物	**baggage** [bæˈɡidʒ]	先に**荷物**を送った方がいいよね。 It'd be easier to send our **baggage** ahead.
22 料金	**fee** [fíː]	
23 言い争う	**quarrel** [kwɔ́ːrəl]	
24 封建制度	**feudalism** [fjúːdəlìzm]	
25 現代社会	**modern society** [mɑ́dərn səsáiəti]	
26 関所	**check point** [tʃék pɔ́int]	
27 見つける	**spot** [spɑ́t]	
28 ひき肉	**minced meat** [mín(t)st míːt]	

29 ほうれん草	**spinach** [spínitʃ]	
30 第二波	**second wave** [sékənd wéiv]	
31 ～より少ない	**less than ~** [lés ðæ'n]	
32 昼寝する	**take a nap** [téik ə næ'p]	
33 天井	**ceiling** [síːliŋ]	
34 舞い散る	**scatter around** [skæ'tər əráund]	古い建物に埃が**舞い上がった**。 Dust was **scattered around** in the old building.
35 縦線	**vertical line** [vəˈːrtikəl láin]	
36 横線	**horizontal line** [hɔˋːrəzɑˈntl láin]	

37 地震	**earth quake** [ə':rθ kwéik]	
38 揺らす	**shake** [ʃéik]	彼らは握手をした。 They **shook** hands.
39 気付く	**notice** [nóutis]	私はその報告書に間違いがあるのに**気づいた**。 I **noticed** an error on the report.
40 相応しい 状況	**suitable situation** [súːtəbl sìtjuéiʃ(ə)n]	
41 〜によって	**depending on ~** [dipéndiŋ ɑ'n]	
42 調子がいい	**in good shape** [ín gúd ʃéip]	私の祖母はこのところ**体調がいい**。 My grandma is **in good shape** at the moment.
43 変種	**variation** [vè(ə)riéiʃən]	
44 交通手段	**transportation** [træ`nspərtéiʃən]	どの**交通手段**をつかいましたか。 What **transportation** did you take?

45 ~のせいで	**due to** [d(j)úː tə]	暴風雨警報**のせいで**学校は休校になっている。 **Due to** a storm warning, the schools are closed.
46 ~に応じて	**according to** [əkɔ́ːrdiŋ tə]	温度**によって**色が変化する。 The color varies **according to** the temperature.
47 クーポン	**coupon** [kúːpɑn]	
48 居心地のいい	**cozy** [kóuzi]	
49 二泊三日	**two nights three days** [túː náits θríː déiz]	
50 出席している	**present** [prézənt]	
51 消える	**disappear** [dìsəpíər]	
52 品種	**variety** [vəráiəti]	だだちゃ豆は枝豆の**一種**だ。 Dadacha-mame is one of the **varieties** of edamame soybeans.

53 がんばりや	**diligent** [dílədʒənt]	彼女は本当に**がんばりや**の生徒なんです。 She is really a **diligent** student.
54 お久しぶり。	**Long time no see.** [lɔ́ːŋ táim nóu síː]	
55 見本	**sample** [sǽ'mpl]	
56 伸ばす	**extend** [iksténd]	コードを**伸ばす**必要がある。 We need to **extend** the electric cord.
57 飲み物	**something to drink** [sʌ́mθiŋ tə dríŋk]	
58 〜のやりかた	**how to** [háu tə]	操作**の仕方**を教えてください。 Please teach me **how to** operate.
59 裸	**naked** [néikid]	
60 参加する（行動を伴う）	**participate** [pɑːrtísəpèit]	

61 高齢化社会	**aging society** [éiʤiŋ səsáiəti]	
62 聞こえづらい	**have trouble hearing** [hæ'v trʌ'bl hí(ə)riŋ]	**よく聞こえません**、少し大きい声でお願いします。 I'm **having trouble hearing**. Could you please speak a little louder?
63 医者 （個人病院）	**clinic** [klínik]	
64 下記の	**below** [bilóu]	
65 特徴的な	**distinctive** [distíŋktiv]	
66 介護	**nursing care** [nə':rsiŋ kéər]	
67 競技場	**arena** [ərí:nə]	
68 屋根瓦	**rooftiles** [rú:f-tailz]	

69 設立記念日	**anniversary of establishment** [æ`nəvə':rsəri əv istæ'bliʃmənt]
70 腱	**tendon** [téndən]
71 学位	**degree** [digrí:]
72 点火	**ignition** [igníʃən]
73 県庁所在地	**prefectural capital** [priféktʃərəl kæ'pətl]
74 商社	**trading company** [tréidiŋ kʌ'mpəni]
75 関連会社	**affiliated company** [əfílièitid kʌ'mpəni]
76 子会社	**subsidiary** [səbsídièri]

77 腐る	**go bad** [góu bæ'd]	その料理は室温が高いせいで**腐ってしまった**。 The dish **went bad** due to high room temperature.
78 育つ	**grow** [gróu]	
79 すっから かんだ	**be broke** [bí: bróuk]	一緒に旅行に行きたいけど、**すっからかんなんだ**。 I wish I could go traveling with you, but I**'m broke**.
80 ラッキーだ	**fortunate** [fɔ́:rtʃənət]	
81 倉庫	**warehouse** [wéərhàus]	**倉庫**には出荷用の商品が積んである。 The products for shipment are piled up in the **warehouse**.
82 蔵	**storehouse** [stɔ́:rhaus]	
83 建屋	**building** [bíldiŋ]	第二**建屋**の破損はひどかった。 The damage to **building** No. 2 was severe.
84 商品	**item** [áitəm]	

85 品物	**goods** [gudz]	
86 取材する	**cover** [kʌ'vər]	その式典はメディアによって**取り上げられた**。 The ceremony was **covered** by the media.
87 余震	**afterquake** [æ'ftər-kwéik]	
88 サザエ	**turban shell** [tə':rbən ʃél]	
89 信者	**follower** [fɑ'louər]	
90 手渡しする	**hand** [hæ'nd]	コンシェルジュは私に部屋の鍵を**手渡した**。 The concierge **handed** me the room key.
91 性質	**character** [kæ'riktər]	
92 イライラする	**be irritated** [bí: írətèitid]	

93		
ぶらぶらする	**stroll** [stróul]	

94		
偏見	**bias** [báiəs]	

95		
カタツムリ	**snail** [snéil]	

96		
虐待する	**abuse** [əbjú:z]	その親たちは子どもを**虐待していた**。 The parents **abused** their child.

97		
下宿人	**lodger** [lɑˈʤər]	

98		
暴動	**riot** [ráiət]	

99		
呼吸する	**breathe** [brí:ð]	

100		
人を〜の 状態にさせる	**drive** [dráiv]	彼の口笛は私<u>を</u>苛つかせる。 His whistling **drives** me nuts.

July
July
July

- 蛍が見られる場所は地元にありますか。
  Is there any place where you can see fireflies in your region?

- 七夕の笹には何を飾りますか。
  What items do you put on the bamboo grass during the Tanabata festival?

- 飲み放題をよく利用しますか。
  Do you often enjoy 'all-you-can-drink' offers?

- 定期的に歯医者さんで歯のメンテナンスをしていますか。
  Do you go to the dentist regularly to keep your teeth healthy?

1 紫陽花 あじさい	**hydrangea** [haidréindʒə]	
2 飲み放題	**all-you-can-drink** [ɔ':l júː kæ'n dríŋk]	
3 展望台	**observatory** [əbzə':rvətɔ`:ri]	
4 老人ホーム	**nursing home** [nə':rsiŋ hóum]	

5 蛍	**firefly** [fáiərflai]	
6 七夕	**star festival** [stɑ'ːr féstəvəl]	
7 松明	**torch** [tɔ'ːrtʃ]	
8 混んでいる	**crowded** [kráudid]	
9 前歯	**front tooth** [frʌ'nt túːθ]	
10 歯茎	**gum** [gúm]	
11 再来週	**the week after next** [ðə wíːk æ'ftər nékst]	
12 歯の詰めもの	**tooth filling** [túːθ fíliŋ]	

13 差し歯	**false tooth** [fɔ':ls túːθ]	
14 湿気がある	**humid** [hjúːmid]	
15 血行	**blood circulation** [blʌ'd sə`ːrkjuléiʃən]	
16 怪我をする	**get injured** [gét índʒərd]	
17 お堀	**moat** [móut]	
18 上の方の	**upper** [ʌ'pər]	
19 話し合う	**discuss** [diskʌ's]	
20 設立	**establishment** [istæ'bliʃmənt]	

21 細い	**skinny** [skíni]	
22 アルコール 中毒	**alcoholic** [æ`lkəhɔ':lik]	
23 意識	**consciousness** [kɑ'nʃəsnis]	現場で**意識**を失った。 I lost **consciousness** at the site.
24 境内	**precinct** [prí:siŋkt]	
25 ゾッとする	**gross** [gróus]	
26 倒産する	**go bankrupt** [góu bankrupt]	
27 詐欺	**fraud** [frɔ':d]	
28 退院する	**be discharged** [bí: distʃɑ':rdʒd]	

95

29 湿気	**humidity** [hju:mídəti]	
30 即身仏	**self-mummified person** [sélf mʌ'mifaid pə':rsn]	
31 地すべり	**landslide** [læ'n(d)slaid]	
32 血液検査	**blood test** [blʌ'd tést]	
33 球根	**bulb** [bʌ'lb]	
34 得意だ	**be good at** [bí: gúd ət]	スポーツには**弱い**。 I**'m not good at** sports.
35 含まれている	**be included** [bí: inklú:did]	
36 締め切り	**due date** [d(j)ú: déit]	

37 渡る	**cross** [krɔ':s]	
38 機器	**equipment** [ikwípmənt]	
39 下の方の	**lower** [lóuər]	
40 わかる	**catch** [kæ'tʃ]	よく**わからなかった**のですが。 I could**n't catch** you.
41 飾る	**decorate** [dékərèit]	
42 実績	**achievement** [ətʃí:vmənt]	
43 正しい	**correct** [kərékt]	
44 補聴器	**hearing aid** [hí(ə)riŋ éid]	

45 吠える	**bark** [bάː rk]	
46 文字	**letter** [létər]	
47 満足する	**be satisfied** [bíː sæ'tisfàid]	
48 頑固だ	**stubborn** [stʌ'bərn]	
49 体験ツアー	**experience tour** [ikspí(ə)riəns túər]	
50 立ち寄る	**drop by** [drάː p bái]	
51 原子爆弾	**atomic bomb** [ətάː mik bάː m]	
52 圧縮する	**compress** [kəmprés]	

53 備える	**equip** [ikwíp]	私の車には運転支援システムが**備わっている**。 My car is **equipped** with the driver assistance system.
54 〜からなる	**consist of** [kənsíst əv]	4人で1グループ**になっている**。 Each group **consists of** four members.
55 所属している	**belong to** [bilɔ́ːŋ tə]	ヨガサークル**に入っています**。 I **belong to** a yoga circle.
56 がっかり	**disappointing** [dìsəpɔ́intiŋ]	
57 料理（国や 地域特有の）	**cuisine** [kwizíːn]	日本**料理**は世界で人気を得ている。 Japanese **cuisine** has gained popularity in the world.
58 機能的な	**functional** [fʌ́ŋkʃənl]	
59 仲よくする	**get along** [gét əlɔ́ːŋ]	
60 おすすめ	**recommendation** [rèkəmendéiʃən]	

61		
紫蘇 (しそ)	**Japanese basil** [dʒæ`pəní:z bæ'z(ə)l]	
62		
脅す	**blackmail** [blæ'kmeil]	そのサイバーグループは大企業を**脅していた**。 The cyber group **blackmailed** large firms.
63		
放火	**arson** [ɑ':rsn]	その火事は**放火**が原因だった。 The fire was caused by **arson**.
64		
大会（競技会）	**competition** [kɑ`mpətíʃən]	
65		
カート	**shopping cart** [ʃɑ'piŋ kɑ':rt]	
66		
ひじょうに	**extremely** [ikstrí:mli]	
67		
激怒した	**furious** [fjú(ə)riəs]	
68		
火傷する	**get burnt** [gét bə':rnt]	

69 もの	**stuff** [stʌ'f]	学校に**持ち物**を忘れてきた。 I forgot my **stuff** at school.
70 感動する	**be touched** [bí: tʌ'tʃt]	
71 旧暦	**lunar calendar** [lú:nər kæ'ləndər]	
72 肺	**lung** [lʌ'ŋ]	
73 エアコン	**air conditioner** [éər kəndíʃ(ə)nər]	
74 わかりにくい	**confusing** [kənfjú:ziŋ]	
75 避ける	**avoid** [əvɔ'id]	
76 1から10まで	**1 to 10** [wʌ'n tə tén]	

77 食感	**texture** [tékstʃər]	その**食感**はシャキシャキしています。 The **texture** is crunchy.
78 土壌	**soil** [sɔ'il]	
79 喜んでいる	**happy** [hǽ'pi]	
80 大使館	**embassy** [émbəsi]	
81 うまくいって	**successful** [səksésfəl]	「どうだった?」「**うまくいったよ**」 "How did it go?" "It was **successful**."
82 噺家 はなし か	**story-teller** [stɔ':ri télər]	
83 主張する	**claim** [kléim]	
84 太陽の	**solar** [sɑ'lər]	

85 探偵	**detective** [ditéktiv]	
86 きょうだい	**sibling** [síbliŋ]	
87 鼠	**rat** [rǽ't]	
88 尊敬する	**respect** [rispékt]	あなたってすごいね! I **respect** you!
89 加える	**add** [ǽd]	
90 曲げる	**bend** [bénd]	
91 烏^{からす}	**crow** [króu]	
92 ブランコ	**swing** [swíŋ]	

93 注ぐ	**pour** [pɔ'ːr]	彼女はお茶を茶碗に**注いだ**。 She **poured** tea into the cups.
94 一番遠い	**farthest** [fɑ'ːrðist]	
95 怒っている	**mad** [mæ'd]	
96 層	**layer** [léiər]	そのグラスに入ったゼリーは虹色 の**層**になっていた。 The jelly in the glass came in rainbow **layers**.
97 泡	**bubbles** [bʌ'blz]	
98 変わっている	**unusual** [ʌnjú:ʒ(ə)l]	彼の才能は**並ではない**。 His talent is **unusual**.
99 短くする	**shorten** [ʃɔ'ːrtn]	会議は 30 分に**短縮する**よう言わ れている。 We are requested to **shorten** the meeting to 30 minutes.
100 すぐに	**immediately** [imí:diətli]	我々は**直ちに**対応しなくてはなら ない。 We need to take action **immediately**.

August
August
August

- あなたは我慢強い方ですか。
  Are you patient?

- スポーツや文化サークルの大会に出たことはありますか。
  Have you ever participated in sports competitions or cultural club meetings?

- 鍼やマッサージには行きますか。
  Do you go to get acupuncture or a massage?

- 美術館や博物館は好きですか。
  Do you like to visit museums?

8

1 向日葵 （ひまわり）	**sunflower** [sʌ'nflauər]	
2 蜂	**wasp** [wɑ'sp]	アシナガ**バチ**は庭にとっては益虫である。 Paper **wasps** are beneficial insects for gardens.
3 蜜蜂	**bee** [bíː]	**蜜蜂**が花のまわりをブンブン飛んでいる。 **Bees** are buzzing around the flowers.
4 ハチの巣	**hive** [háiv]	

5 地下水	**underground water** [ʌ'ndərgraund wɔ':tər]	
6 牡蠣 (か き)	**oyster** [ɔ'istər]	
7 葡萄畑 (ぶ どう)	**vineyard** [vínjərd]	
8 制限する	**restrict** [ristríkt]	県は人流を**規制している**。 The prefectural government **restricts** the free flow of people.
9 屋台	**stall** [stɔ':l]	
10 許可	**permission** [pərmíʃən]	
11 残念！	**It's a shame!** [its ə ʃéim]	
12 ひとりっ子	**only child** [óunli tʃáild]	

13 火鉢	**brazier** [bréiʒər]	
14 苦い	**bitter** [bítər]	
15 脂質	**fat** [fæ't]	最近では**脂肪**が少ない赤身肉が霜降り肉より好まれている。 Recently lean meat is preferred to marbled meat as it contains less **fat**.
16 タンパク質	**protein** [próuti:n]	
17 通う	**commute** [kəmjú:t]	
18 できるだけ多く	**as much as possible** [əz mʌ'tʃ əz pɑ'səbl]	
19 この一週間	**past week** [pæ'st wí:k]	
20 今度の	**coming** [kʌ'miŋ]	**今度の**日曜日釣りに行こうよ。 Why don't we go fishing this **coming** Sunday?

21 女性	**female** [fíːmeil]	
22 無視する	**ignore** [ignɔ́ːr]	
23 省く	**omit** [oumít]	
24 辛抱	**patience** [péiʃəns]	
25 やっつける	**fight off** [fáit ɔ́ːf]	
26 我慢強い	**patient** [péiʃənt]	
27 仮の	**temporary** [témpərèri]	
28 耐える	**stand** [stǽnd]	もう**我慢**できない。 I cannot **stand** any more.

29 大会	**meet** [míːt]	母は毎年マスターズ水泳**大会**に出場している。 My mother joins the masters swimming **meet** every year.
30 我慢する	**withstand** [wiθstǽ'nd]	
31 湧き出る	**spring** [spríŋ]	
32 身体能力	**physical ability** [fízikəl əbíləti]	
33 エネルギー	**energy** [énərdʒi]	
34 森林	**forest** [fɔ'ːrist]	
35 静か	**calm** [kɑ'ːm]	
36 穏やか	**mild** [máild]	彼女は**穏やか**で周りを安心させる。 She is a person of **mild** character, which helps people around her be at ease.

37 しんどい	**exhausting** [igzɔ́ːstiŋ]	800 メートル走は本当に**しんどい**。 The eight-hundred meter dash is very **exhausting**.
38 虻（あぶ）	**horsefly** [hɔ́ːrsflai]	
39 治す	**cure** [kjúər]	病気が**治った**。 My disease was **cured**.
40 ブンブンと音がする	**buzz** [bʌ́z]	
41 作用させる	**apply** [əplái]	
42 力	**force** [fɔ́ːrs]	
43 見積り	**estimate** [éstəmèit]	
44 請求書	**bill** [bíl]	

45 福祉	**welfare** [wélfèər]	
46 腫れる	**swell** [swél]	脚が**腫れた**。 My leg is **swollen**.
47 見積り	**quotation** [kwoutéiʃən]	
48 殺虫剤	**insecticide** [inséktəsàid]	
49 殺人	**homicide** [hɑ'məsàid]	
50 話題	**topic** [tɑ'pik]	
51 ため息をつく	**sigh** [sái]	
52 関節	**joint** [ʤɔ'int]	

53 巡る	**circulate** [səˈrkjulèit]	血液は体中を**巡っている**。 Blood **circulates** in our body.
54 柔軟だ	**flexible** [fléksəbl]	彼は極めて**柔軟に**事業を実施する。 He is quite **flexible** when conducting projects.
55 痛み止め	**painkiller** [péinkìlər]	
56 やっかいだ	**trouble** [trʌˈbl]	
57 薬	**medicine** [médəsin]	
58 空いている	**vacant** [véikənt]	
59 名物	**specialty** [spéʃəlti]	
60 思う	**suppose** [səpóuz]	

61		
酸っぱい	**sour** [sáuər]	

62		
コクがある	**rich** [rítʃ]	

63		
慌ただしい	**hectic** [héktik]	今週は**バタバタしている**。 This week has been **hectic**.

64		
有給休暇	**paid-holidays** [péid hɑˈlədèiz]	

65		
吐く	**vomit** [vɑˈmit]	**吐き気**がする。 I feel like **vomiting**.

66		
カバ	**hippo** [hípou]	

67		
日傘	**parasol** [pæˈrəsɔ̀ːl]	

68		
熱中症	**heat stroke** [híːt stróuk]	

69 数十年ぶりに	**the first time in some decades** [ðə fəˈːrst táim ín sʌˈm dɛˈkeɪdz]	
70 落語	**comic story telling** [kɑˈmik stɔˈːri téliŋ]	
71 活動	**activity** [æktívəti]	
72 更年期	**menopause** [ménəpɔˈːz]	
73 もっともだ。	**fair enough** [féər inʌˈf]	「どう思います?」「**もっともだね**」 "What would you say?" "That's **fair enough**"
74 修理する	**repair** [ripéər]	
75 芝刈り機	**mower** [móuər]	
76 負けず嫌い	**competitive** [kəmpétətiv]	

77 書いてある	**show** [ʃóu]	そのマニュアルには端末の使い方が**書いてある**。 The manual **shows** how to operate the device.
78 欲張り	**greedy** [grí:di]	
79 写実主義	**realism** [rí:əlìzm]	
80 印象派	**impressionist** [impréʃ(ə)nist]	
81 執着する	**stick to** [stík tə]	要点を言って下さい。 **Stick to** your point.
82 静物	**still life** [stíl láif]	
83 必要とする	**require** [rikwáiər]	車にはメンテナンスが**必要だ**。 Cars **require** maintenance.
84 〜に相談する	**consult with** [kənsʌ'lt wíð]	あなたに**相談があるんです**。 I need to **consult with** you.

85 懸念	**concern** [kənsə':rn]	**気になる**のはその事業には資金が足りないかもしれないということだ。 My **concern** is that we may be short of funds for the project.
86 うっかり屋	**absent minded** [æ'bs(ə)nt máindid]	
87 さっぱりした (味)	**clean** [klí:n]	
88 臆病者	**coward** [káuərd]	
89 忘れっぽい	**easily forget** [í:z(i)li fərgét]	私は**忘れっぽい**。 I **easily forget** things.
90 慣れている	**be used to** [bí: jú:st tə]	彼らは日本食を食べ慣れている。 They **are used to** eating Japanese food.
91 針治療	**acupuncture** [æ'kjupʌ`ŋktʃər]	
92 昼寝	**nap** [næ'p]	

117

93 凝っている	**stiff** [stíf]	肩が**凝っている**。 My shoulders are **stiff**.
94 姿勢	**posture** [pɑ'stʃər]	**姿勢**がわるいよ。 Your **posture** is bad.
95 集まる	**gather** [gæ'ðər]	
96 身につけて いる	**be wearing** [bí: wé(ə)riŋ]	彼は青いTシャツを**着ている**。 He **is wearing** a blue T-shirt.
97 常設展	**permanent exhibition** [pə'ːrm(ə)nənt èksəbíʃən]	
98 慰安婦	**comfort woman** [kʌ'mfərt wúmən]	
99 消費税	**consumption tax** [kənsʌ'mpʃən tæ'ks]	
100 増税	**tax raise** [tæ'ks réiz]	

September
September
September

・避難訓練を定期的にしていますか。
Do you have regular evacuation drills?

・家電や機器を初めて使うとき、説明書を「よく読む派」ですか、「読まない派」ですか。
When you use a home appliance or device for the first time, do you "thoroughly read" or "do not read" the manual?

・あなたは一人で行動するのが好きですか、それとも大勢で過ごすのが好きですか。
Do you like to do things on your own or spend time with other people?

・家族や友人に鍋奉行はいますか。
Is there any person called 'hot pot boss' in your family or friends, someone who actively takes charge when cooking a hot pot?

1 避難訓練	**evacuation drill** [ivæ`kjuéiʃən dríl]	
2 消火器	**extinguisher** [ikstíŋgwiʃər]	
3 食文化	**gastronomy** [gæstrɑˈnəmi]	
4 サンマ	**saury** [sɔˈːri]	

5 あんこ	**bean paste** [bí:n péist]
6 収穫	**harvest** [hɑ':rvist]
7 アルバイト	**part-time worker** [pɑ':rt táim wə':rkər]
8 中秋の名月	**harvest moon** [hɑ':rvist mú:n]
9 電子	**electronic** [ilektrɑ'nik]
10 電気機器	**electrical appliances** [iléktrikəl əpláiən(t)siz]
11 説明書	**instructions** [instrʌ'kʃ(ə)nz]
12 独自の	**unique** [ju:ní:k]

13 実現する	**achieve** [ətʃíːv]	日本は2050年までに温室効果ガス排出ネットゼロを**実現する**目標を設定した。 Japan set the goals to **achieve** net-zero greenhouse gas emissions by 2050.
14 国の	**national** [næ'ʃənl]	
15 ふりをする	**pretend** [priténd]	母は私の言うことが聞こえない**振りをした**。 My mother **pretended** not to hear me.
16 薬	**drug** [drʌ'g]	
17 たまたま〜する	**happen to** [hæ'pən tə]	**たまたま**そのニュースを知ったんですよ。 I **happened to** know about the news.
18 生地	**dough** [dóu]	
19 時間を守る	**punctual** [pʌ'ŋktʃuəl]	彼は常に**時間に正確**だ。 He is always **punctual**.
20 心地よい	**comfortable** [kʌ'mftəbl]	

21 紹介状	**letter of introduction** [létər əv ìntrədʌ'kʃən]	病院にかかるには**紹介状**が必要だ。 To receive medical treatment at a hospital, a **letter of introduction** is required.
22 何かおかしい	**something is wrong** [sʌ'mθiŋ iz rɔ'ːŋ]	
23 欠席する	**be absent** [bíː æ'bs(ə)nt]	
24 専門職	**practitioner** [præktíʃ(ə)nər]	
25 私のおごりです。	**It's on me.** [its ɑ'n míː]	
26 これまでのところ	**so far** [sóu fɑ'ːr]	
27 借りる	**borrow** [bɑ'rou]	
28 貸し借りする	**rent** [rént]	

29 妊娠している	**pregnant** [prégnənt]	
30 出産予定だ	**expect** [ikspékt]	
31 出産する	**be delivered of** [bíː dilívərd əv]	
32 賢い	**smart** [smɑ':rt]	
33 北京^{ペきん}	**Beijing** [bèiʤíŋ]	
34 活動的	**active** [æ'ktiv]	
35 エネルギッシュ	**energetic** [ènərʤétik]	
36 上げる	**raise** [réiz]	

37 かつぜつ 滑舌	**articulation** [ɑ:rtikjuléiʃən]	
38 定職	**permanent job** [pə':rm(ə)nənt ʤɑ'b]	
39 助かる	**helpful** [hélpfəl]	
40 景色	**scenery** [sí:nəri]	
41 精神的に 病んでいる	**mentally ill** [mént(ə)li íl]	
42 雰囲気	**atmosphere** [æ'tməsfìər]	
43 手ごろな	**affordable** [əfɔ':rdəbl]	それなら**手が届く**値段だね。 That's an **affordable** price.
44 ぜんそく 喘息	**asthma** [æ'zmə]	

125

45 高級な	**fancy** [fǽnsi]	この近くに**高級な**日本料理店はありますかね。 Is there any **fancy** Japanese restaurant near here?
46 気軽な	**casual** [kǽʒuəl]	**気軽に**食べれるところを探しているのですが。 We are looking for a **casual** restaurant to eat.
47 迷路	**maze** [méiz]	
48 墓地	**cemetery** [sémətèri]	
49 食べられる	**edible** [édəbl]	これらの花は**食用**なんです。 These flowers are **edible**.
50 質の悪い	**poor** [pɔ́ːr]	そのホテルはサービスが**悪い**。 The hotel provides **poor** service.
51 普通の	**ordinary** [ɔ́ːrd(ə)nèri]	**普通の**日々こそが彼らが本当に望んでいるものだ。 **Ordinary** days are what they really need.
52 向かう	**head** [héd]	どこへ**向かってる**の？ Where are we **heading** for?

53 耐久性のある	**durable** [d(j)ú(ə)rəbl]	
54 耐え忍ぶ	**endure** [ind(j)úər]	
55 優先する	**prioritize** [praiɔ':rətàiz]	政府はワクチン接種において高齢者を**優先する**ことを決めた。 The government decided to **prioritize** elderly people in the vaccination plan.
56 解決する	**solve** [sɑ'lv]	
57 環境	**environment** [invái(ə)rənmənt]	
58 抽象画	**abstract painting** [æbstræ'kt péintiŋ]	
59 作文	**essay** [ései]	
60 面接	**interview** [íntərvjù:]	

61 内陸地方	**inland area** [ínlənd é(ə)riə]	
62 風車	**wind turbine** [wínd tə':rbin]	
63 ちらかっている	**messy** [mési]	
64 暗記で	**from memory** [frʌ'm mém(ə)ri]	その文を**そらで**言えた。 I repeated the sentence **from memory**.
65 拡大する	**enlarge** [inlɑ':rʤ]	友だちはその画像を**拡大して**見せた。 My friend **enlarged** the image to show me.
66 無花果	**fig** [fíg]	
67 証書	**certificate** [sərtífikət]	
68 たくさんの	**piles of** [pailz əv]	

69 腹筋	**abdominal muscle** [æbdɑ'mənl mʌ'sl]	
70 前立腺	**prostate** [prɑ'steit]	
71 散らす	**sprinkle** [spríŋkl]	
72 隙間	**gap** [gæ'p]	
73 寒天	**agar** [ɑ'ːgɑːr]	
74 保存	**preservation** [prèzərvéiʃən]	
75 一匹狼	**loner** [lóunər]	彼女は**ひとりでいる**のが平気なんだ。 She is quite a **loner**.
76 会話	**conversation** [kɑ`nvərséiʃən]	

77 車椅子	**wheel chair** [(h)wi:l tʃéər]	
78 割合	**ratio** [réiʃou]	
79 交渉する	**negotiate** [nigóuʃièit]	
80 比べる	**compare** [kəmpéər]	
81 集中する	**concentrate** [kɑ'nsəntrèit]	
82 理解できる	**make sense** [méik séns]	意味が**分からない**な。 It does**n't make sense**.
83 炊飯器	**rice cooker** [ráis kúkər]	
84 鍋物	**hot pot dish** [hɑ't pɑ't díʃ]	

85 ワクワクする	**be excited** [bí: iksáitid]	
86 不動産業者	**real estate agent** [rí:əl istéit éidʒənt]	
87 延期する	**postpone** [pous(t)póun]	オリンピックパラリンピックは翌年に**延期になった**。 The Olympic and Paralympic Games were **postponed** until next year.
88 調整できる	**adjustable** [ədʒʌ'stəbl]	
89 騙す だま	**cheat** [tʃí:t]	
90 気分転換	**change** [tʃéindʒ]	**気分転換**に買い物に行った。 I went shopping for a **change**.
91 手続き	**procedure** [prəsí:dʒər]	
92 熟す	**mature** [mət(j)úər]	チーズが**熟成した**。 The cheese has **matured**.

131

93 手数料	**commission** [kəmíʃən]	
94 保険	**insurance** [inʃú(ə)rəns]	
95 神道	**Shintoism** [ʃíntouìzm]	<u>神道</u>と仏教はしばしば混同される。 **Shintoism** and Buddhism are often confused with one another.
96 皮をむく	**peel** [píːl]	
97 戸籍	**family register** [fæ'm(ə)li rédʒistər]	
98 国内製品	**domestic product** [dəméstik prɑ'dʌkt]	
99 免疫	**immune system** [imjúːn sístəm]	免疫が感染を防いでくれている。 **Immune system** prevents us from infection.
100 市役所	**city hall** [síti hɔ'ːl]	

October
October
October

今月のトピックアイデア

- 仮装をしたことはありますか。
  Have you ever worn a disguise?

- よく見る夢はありますか。
  Do you have specific dreams that you dream repeatedly?

- わたしたちができる地球温暖化の対処法をいくつか挙げてみましょう。
  Let's name some of the measures we can take to prevent global warming.

- ドラマや映画でかっこいいと思う俳優は誰ですか。
  Who do you think are cool actors in dramas and movies?

1 かぼちゃ 南瓜	**squash** [skwɑˈʃ]	**南瓜**とパンプキンの違いはなんですか。 What's the difference between **squash** and pumpkin?
2 事例	**case** [kéis]	
3 吸血鬼	**vampire** [væˈmpaiər]	
4 骸骨	**skeleton** [skélətn]	

5 頭蓋骨	**skull** [skʌ'l]	
6 消費する	**consume** [kənsú:m]	
7 つかむ	**grab** [græ'b]	フライパンを**取って**。 **Grab** the pan.
8 勝利	**victory** [víkt(ə)ri]	
9 圧倒的な	**overwhelming** [òuvə(rh)wélmiŋ]	
10 悪夢	**nightmare** [náitmèər]	
11 仕掛け	**trick** [trík]	
12 結果	**result** [rizʌ'lt]	

13 塀	**fence** [féns]	
14 ゴミくず	**trash** [trǽʃ]	
15 落ちる	**fall** [fɔ́:l]	
16 特定の	**specific** [spisífik]	
17 治せる	**curable** [kjú(ə)rəbl]	
18 複数の	**multiple** [mʌ́ltəpl]	私には**二つ以上の**ことを同時にはできない。 I cannot handle **multiple** tasks at the same time.
19 開催地	**venue** [vénju:]	
20 儲かる	**profitable** [prɑ́fitəbl]	

21 持ち上げる	**lift** [líft]	
22 ~したい気分	**in the mood for** [ín ðə mú:d fɔ':r]	タイ料理が食べ**たい気分**だ。 I'm **in the mood** for Thai food.
23 素晴らしい	**amazing** [əméiziŋ]	
24 非の打ち所 がない	**impeccable** [impékəbl]	
25 熟睡	**deep sleep** [dí:p slí:p]	
26 驚く	**be amazed** [bí: əméizd]	
27 世代	**generation** [dʒènəréiʃən]	
28 膵臓 _{すいぞう}	**pancreas** [pæ'nkriəs]	

29 炎症	**inflammation** [ìnfləméiʃən]	
30 巣	**nest** [nést]	
31 蔓 (つる)	**vine** [váin]	
32 取組み方	**approach** [əpróutʃ]	
33 仲よくなる	**get close** [gét klóus]	
34 痩せる	**lose weight** [lú:z wéit]	少し**痩せた**。 I **lost** some **weight**.
35 ぴったりの	**ideal** [aidí:(ə)l]	
36 血糖値	**blood sugar** [blʌ'd ʃúgər]	

37 栄養	**nutrition** [n(j)u:tríʃən]	
38 歩行者	**pedestrian** [pədéstriən]	
39 結核	**tuberculosis** [t(j)ubə`:rkjulóusis]	
40 交通費	**transportation fee** [træ`nspərtéiʃən fí:]	
41 不便	**inconvenient** [ìnkənví:niənt]	
42 美術館	**art museum** [ɑ':rt mju:zí:əm]	
43 民間の	**private** [práivət]	
44 公的な	**public** [pʌ'blik]	

45 三脚	**tripod** [tráipɑd]	
46 禁止する	**prohibit** [prouhíbit]	ここでは喫煙は**禁止されている**。 Smoking is **prohibited** here.
47 許す	**allow** [əláu]	飲食は**できません**。 Eating and drinking are **not allowed**.
48 貴重な	**precious** [préʃəs]	
49 注意深い	**careful** [kéərfəl]	**気を付けて**。 Be **careful**.
50 繰り返し	**repeatedly** [ripí:tidli]	
51 断る	**turn down** [təˈ:rn dáun]	私の提案は**却下された**。 My suggestion was **turned down**.
52 10周年	**10th anniversary** [ténθ æˋnəvəˈ:rsəri]	うちの会社は設立 **10周年**になる。 Our company is celebrating its **10th anniversary**.

53 最近	**recently** [ríːsntli]	
54 80代の人	**a person in his/her eighties** [ə pəˈːrsn ín híz/həˈːr éitiz]	
55 細い	**thin** [θín]	
56 登録する	**register** [réʤistər]	
57 鮑 (あわび)	**ear shell** [íər ʃél]	
58 作戦	**strategy** [stræˈtəʤi]	
59 影響する	**affect** [əfékt]	夏の悪天候は果物の価格に**影響した**。 Bad weather in summer **affected** the price of fruit.
60 効果	**effect** [ifékt]	薬の**影響**はてきめんだった。 The drug had an instantaneous **effect**.

61 影響	**influence** [ínfluəns]	その選手のコメントはファンの行動に**影響**を与えた。 The player's comments **influenced** the supporters' behavior.
62 衝撃	**impact** [ímpækt]	
63 おしゃれ	**fashionable** [fæˈʃ(ə)nəbl]	
64 肥料	**fertilizer** [fəˈːrt(ə)làizər]	
65 傲慢	**arrogant** [ǽrəgənt]	
66 人格	**personality** [pəˋːrs(ə)nǽˈləti]	
67 中学校	**junior high** [dʒúːnjər hái]	
68 熱湯	**boiled water** [bɔ́ild wɔ́ːtər]	

69 勇気がある	**brave** [bréiv]	
70 目標	**goal** [góul]	
71 原稿	**draft** [drǽft]	来週までにガイドラインの**原稿**を用意しなくてはならない。 I need to prepare the **draft** of the guideline by the next week.
72 出血する	**bleed** [blíːd]	ちょっと、**鼻血が出てる**よ。 Hey, your nose is **bleeding**.
73 死傷者	**casualty** [kǽʒuəlti]	
74 理由	**cause** [kɔ́ːz]	
75 関係性	**relationship** [riléiʃ(ə)nʃip]	
76 崩壊する	**collapse** [kəlǽps]	その家は雪の重みで**崩れた**。 The house **collapsed** due to the heavy weight of snow.

77 脈絡	**context** [kɑ'ntekst]	
78 〜にかかわらず	**regardless** [rigɑ':rdlis]	住民は年齢**にかかわらず**無料でバスに乗れる。 Residents can take the bus free of charge **regardless** of age.
79 対処する	**tackle** [tæ'kl]	
80 脱臼する	**dislocate** [dísloukèit]	木から落ちて肩を**脱臼した**。 I **dislocated** my shoulder when I fell from a tree.
81 信用する	**trust** [trʌ'st]	
82 怖い	**scary** [ské(ə)ri]	
83 獣医	**vet** [vét]	
84 今のところは	**at the moment** [ət ðə móumənt]	**今のところ**、すべて順調です。 Everything looks fine, **at the moment**.

85 マジで	**seriously** [sí(ə)riəsli]
86 洪水	**flood** [flʌ'd]
87 覚えている 限りでは	**as far as I remember** [əz fɑ':r əz ái rimémbər]
88 地球温暖化	**global warming** [glóubəl wɔ':rmiŋ]
89 北極	**North Pole** [nɔ':rθ póul]
90 期間	**period** [pí(ə)riəd]
91 日光	**sunlight** [sʌ'nlait]
92 出席する	**attend** [əténd]

93		
レントゲン	**X-ray** [éksrei]	

94		
書いてある 文章	**script** [skrípt]	**書いてある文**を見ないで、リピートして下さいね。 Please repeat without looking at the **script**.

95		
選択肢	**option** [ɑ'pʃən]	**選べる**のはふたつにひとつしかない。やるか、やらないかだ。 There are two **options**. Do, or do not.

96		
主人公	**main character** [méin kæ'riktər]	

97		
孫	**grandchild** [græ'n(d)tʃaild]	

98		
範囲	**range** [réinʤ]	その店は多岐に**わたる**商品を売っている。 The shop sells a wide **range** of goods.

99		
見た目	**appearance** [əpí(ə)rəns]	

100		
時計回り	**clockwise** [klɑ':kwaiz]	

November
November
November

- 学校時代のクラスメートと同窓会をする機会はありますか。
  Do you have the opportunity to have reunions with your classmates from school?

- 毎年予防接種をしていますか。
  Do you get vaccinated every year?

- 宝くじが当たったことはありますか。
  Have you ever won the lottery?

- 地元に江戸時代の名残りのある歴史的スポットはありますか。
  Are there any historical spots in your area that have traces of the Edo period?

1 華道	**flower arrangement** [fláuər əréindʒmənt]	
2 お茶会	**tea ceremony** [tíː sérəmòuni]	
3 独裁	**dictatorship** [diktéitəʃip]	
4 ミミズ	**worm** [wəˈːrm]	

5 石段	**stone steps** [stóun steps]	
6 区	**ward** [wɔ':rd]	
7 脂っぽい	**greasy** [grí:si]	高級な和牛は**脂っぽい**。 High grade wagyu beef is **greasy**.
8 脂が多い	**fatty** [fæ'ti]	
9 当てる	**guess** [gés]	
10 くじ	**lottery** [lɑ'təri]	宝**くじ**が当たった。 I won a **lottery**.
11 引く （くじを）	**draw** [drɔ':]	**くじ**で順番を**決めよう**。 Let's **draw** lots for turns.
12 乗用車	**passenger car** [pæ'səndʒər kɑ:r]	

13 起源とする	**originate** [ərídʒənèit]	茶の**起源は**中国にある。 Tea drinking **originated** in China.
14 校則	**school regulations** [skúːl règjəléiʃ(ə)nz]	
15 一生懸命だ	**passionate** [pǽʃ(ə)nət]	
16 責任	**responsibility** [rispɑ`nsəbíləti]	
17 責任がある	**responsible** [rispɑ'nsəbl]	
18 霰（あられ）が降る	**hail** [héil]	**霰が降った**。 It **hailed**.
19 企画	**project** [prɑ'dʒekt]	
20 可能性がある	**It's possible** [its pɑ'səbl]	副作用が出る**可能性はある**ね。 **It's possible** that we will get side effects.

21 甘やかされる	**be spoiled** [bíː spɔild]	
22 田んぼ	**paddy field** [pæ'di fíːld]	
23 インフルエンサー	**influencer** ['ɪnfluənsər]	
24 陽性	**positive** [pɑ'zətiv]	PCR 検査結果は**陽性**だった。 The PCR test result showed **positive**.
25 陰性	**negative** [négətiv]	
26 予防接種	**vaccination** [væ`ksənéiʃən]	
27 敬称	**title** [táitl]	**敬称**の Ms. は、既婚未婚を問わず女性すべてに使える。 The **title** 'Ms.' can be used for any woman regardless of marital status.
28 おかげさまで	**fortunately** [fɔ':rtʃənətli]	

29		
穴	**hole** [hóul]	

30		
うまくなる	**improve** [imprúːv]	

31		
～を買う 余裕がある	**afford** [əfɔ́ːrd]	<u>車を買う余裕がない</u>。 I can**not afford** a car.

32		
削除する	**delete** [dilíːt]	

33		
（時間が） かかる	**It takes** [ít téiks]	

34		
食物繊維	**dietary fiber** [dáiətèri fáibər]	

35		
階	**story** [stɔ́ːri]	その**五重塔**は林の中にある。 The **five-story pagoda** is in the forest.

36		
傷	**wound** [wúːnd]	

37 手術	**operation** [ɑ`pəréiʃən]	
38 背骨	**spine** [spáin]	
39 映画	**film** [fílm]	
40 アルミニウム	**aluminum** [əlú:mənəm]	
41 沿って	**along** [əlɔ':ŋ]	川に**沿って**歩いた。 I walked **along** the river.
42 置く	**put** [pút]	
43 抑える	**suppress** [səprés]	新しいエネルギーは CO_2 排出を**抑える**。 This form of new energy **suppresses** CO_2 emissixons.
44 ～以外	**other than~** [ʌ'ðər ðæ'n]	

45 いとこ	**cousin** [kuːzæ'ŋ]	
46 常連	**frequent customer** [fríːkwənt kʌ'stəmər]	
47 餌（釣り用）	**bait** [béit]	
48 環境に優しい	**environmentally friendly** [envàirənmént(ə)li fréndli]	消費者は**環境に優しい**製品を選ぶようになってきている。 More and more consumers are opting for **environmentally friendly** products.
49 予防措置	**prevention measure** [privénʃən méʒər]	
50 興味深々だ	**curious** [kjú(ə)riəs]	子どもたちはそのニュースに**興味津々だ**。 The students are **curious** about the news.
51 消す（火を）	**put out** [pút áut]	
52 復元する	**restore** [ristɔ':r]	

53 欅 けやき	**zelkova** [zélkəvə]	
54 同窓会	**school reunion** [skú:l rì:jú:niən]	
55 懐かしい 顔ぶれ	**old faces** [óuld feisiz]	
56 ご褒美を あげる	**pamper** [pæ'mpər]	たまには自分にも**ご褒美をあげないとね**。 We need to **pamper** ourselves sometimes.
57 指圧師	**finger pressure practitioner** [fíŋgər préʃər præktíʃ(ə)nər]	
58 健康診断	**health checkup** [hélθ tʃékʌp]	
59 災害	**disaster** [dizæ'stər]	
60 藩	**domain** [douméin]	

61 集める	**collect** [kəlékt]	不燃ゴミの**収集**は週一回です。 Non-burnable garbage is **collected** once a week.
62 傷跡	**scar** [skɑ':r]	手術**痕**が残っている。 The **scar** from surgery remains.
63 広々とした	**spacious** [spéiʃəs]	
64 異物	**foreign object** [fɔ':rən ɑ'bdʒikt]	
65 決める	**decide** [disáid]	私は転職することに**決めた**。 I **decided** to change my job.
66 巨大な	**huge** [hju:dʒ]	
67 江戸時代	**the Edo era** [ði édou í(ə)rə]	
68 ご隠居	**retired lord** [ritáiərd lɔ':rd]	

69		
家臣	**follower** [fɑˈlouər]	

70		
人種	**race** [réis]	

71		
浅い	**shallow** [ʃæˈlou]	その海は**遠浅**だ。 The sea is **shallow**.

72		
驚き	**surprising** [sərpráiziŋ]	

73		
5日の有給	**five-days paid holidays** [fáiv déiz péid hɑˈlədèiz]	

74		
多くの	**a bunch of** [ə bʌˈntʃ əv]	祭りには**大勢の**人がいた。 There were **a bunch of** people in the festival.

75		
感謝祭	**Thanksgiving Day** [θæˋŋksgíviŋ déi]	

76		
それは大事だ。	**It counts.** [ít kaunts]	

77 いったい どうして？	**How come?** [háu kʌ'm]	
78 主治医	**family doctor** [fæ'm(ə)li dɑ'ktər]	
79 生きのびる	**survive** [sərváiv]	彼は大震災を**生き延びた**。 He **survived** the great earthquake.
80 校正	**proof reading** [prú:f rédiŋ]	
81 幻覚	**hallucination** [həlù:sənéiʃən]	彼女は**幻覚**に悩まされている。 She suffers from **hallucinations**.
82 息	**breath** [bréθ]	
83 植物人間	**a vegetable** [ə véʤ(ə)təbl]	
84 巻	**volume** [vɑ'lju:m]	その本は 3 **巻**物です。 The book comes in three **volumes**.

85 印象的な	**impressive** [imprésiv]	
86 自由席	**non-reserved seat** [nɑ'n rizə':rvd síːt]	
87 予防接種をする	**vaccinate** [vǽksənèit]	もう**予防接種はすみ**ました。 I've been **vaccinated**.
88 5年前	**five years ago** [fáiv jirz əgóu]	
89 5年後	**in five years** [ín fáiv jirz]	**5 年後**には故郷に戻るつもりです、できればね。 I will move to my home town **in five years**, hopefully.
90 汚染	**pollution** [pəlúːʃən]	
91 気温	**temperature** [témp(ə)rətʃər]	
92 安全	**safety** [séifti]	

93 お葬式	**funeral** [fjú:n(ə)rəl]	
94 認める	**admit** [ædmít]	
95 胃袋	**stomach** [stʌ'mək]	
96 癌	**cancer** [kæ'nsər]	
97 予定	**program** [próugræm]	
98 高貴な	**noble** [nóubl]	
99 校長	**principal** [prínsəpəl]	
100 症状	**symptom** [símptəm]	

December
December
December

- 忘年会や新年会の予定はありますか。
  Do you have any plans for a year-end party or new year party?

- クリスマスシーズンの特別な思い出はありますか。
  Do you have any special memories of the Christmas season?

- 定期的に運動していますか。
  Do you exercise regularly?

- ストレス解消の効果的な方法はありますか。
  Do you know effective ways to relieve stress?

12

1 聖歌隊	**choir** [kwáiər]	
2 白くま	**polar bear** [póulər béər]	
3 小人の妖精	**elf** [élf]	
4 暖炉	**fireplace** [fáiərpleis]	

5 そり	**sleigh** [sléi]	
6 飾り	**ornament** [ɔ'ːrnəmənt]	
7 欲しいもの リスト	**wish list** [wíʃ líst]	
8 リース	**wreath** [ríːθ]	
9 年末	**the year's end** [ðə jírz énd]	
10 忘年会	**year-end party** [jíər énd pɑ'ːrti]	
11 水族館	**aquarium** [əkwé(ə)riəm]	
12 虫	**insect** [ínsekt]	

13 バッタ	**grass hopper** [græ's hɑ'pər]	
14 昆布	**kelp** [kélp]	
15 海藻	**seaweed** [síːwiːd]	
16 ストレスが たまっている	**be stressed** [bí: strest]	<u>ストレスが溜まってます</u>。 I'm stressed.
17 いらいらする	**be frustrated** [bí: frʌ'streitid]	<u>イライラしちゃう</u>。 I'm frustrated.
18 障害を持って いる人	**person with disabilities** [pə'ːrsn wíð dìsəbílətiz]	
19 雇い主	**employer** [implɔ'iər]	
20 従業員	**employee** [implɔ'iiː]	

21 目標	**target** [tɑ':rgit]	私の**目標**は月に 1000メートル泳ぐことだ。 My **target** is to swim 1000m in a month.
22 発酵	**fermentation** [fə`:rmentéiʃən]	
23 ダウンロードする	**download** [dáunloud]	
24 貸す	**lend** [lénd]	
25 確定申告	**tax returns** [tæ'ks ritə':rnz]	
26 関税	**tariff** [tæ'rif]	
27 小説	**novel** [nɑ'vəl]	
28 被害妄想	**paranoia** [pæ`rənɔ'iə]	**被害妄想**は認知症の症状の可能性がある。 **Paranoia** can be a sign of dementia.

29 死んでいる	**be dead** [bí: déd]	彼は**死んでいる**! He **is dead** !
30 平均	**average** [ǽv(ə)ridʒ]	
31 ごぼう	**burdock** [bəˈ:rdɑk]	
32 料理する	**cook** [kú:k]	
33 煮物	**simmered dish** [símərd díʃ]	
34 上級	**high level** [hái lévəl]	
35 体育	**P.E.** **(physical education)** [pí: í:]	
36 バイキング	**buffet** [bəféi]	

37 あじ 鯵	**horse mackerel** [hɔ':rs mæ'k(ə)rəl]	
38 ウニ	**sea urchin** [síː əˈːrtʃin]	
39 AをBに飾る	**put A on B** [pút ə ɑ'n bíː]	ツリー**に**飾り**をつけました**か？ Did you **put** the ornaments **on** the tree?
40 年賀状	**new year's card** [n(j)úː jírz kɑ'ːrd]	
41 旅程	**itinerary** [aitínərèri]	
42 道に迷う	**be lost** [bíː lɔ'ːst]	私は**道に迷った**。 I **got lost**.
43 勘違いして	**be confused** [bíː kənfjúːzd]	私、ちょっと**間違って**ました。 I was **confused**.
44 鶴	**crane** [kréin]	

167

45 嬉しい	**be glad** [bí: glæ'd]	
46 拒否する	**reject** [riʤékt]	
47 ウィーン	**Vienna** [viénə]	
48 お菓子	**confectionery** [kənfékʃənèri]	
49 乾いている	**dry** [drái]	
50 通知	**notification** [nòutəfikéiʃən]	
51 ～にはまって いる	**be into ~** [bí: ìntə]	ガーデニング**にはまっている**んですよ。 **I'm into** gardening.
52 そんなに 興味がない	**I'm not into** [aim nɑ't ìntə]	私は生の魚は**あまり好きじゃない** んです。 **I'm not into** raw fish.

53 きらいだ	**dislike** [disláik]	
54 やっかいだ	**bothering** [bɑ':ð(ə)riŋ]	
55 改装する	**renovate** [rénəvèit]	
56 リフォームする	**remodel** [rìːmɑ'd(ə)l]	
57 四輪駆動	**four-wheel drive** [fɔ':r (h)wiːl dráiv]	私の車は**四駆**だ。 My car is **four wheel drive**.
58 漢字	**Chinese character** [tʃainíːz kæ'riktər]	
59 お札	**amulet** [æ'mjulit]	神社で祈祷すると**お札**がもらえる。 When you ask for a special prayer at temples, they provide you with an **amulet**.
60 太っ腹だ	**generous** [dʒén(ə)rəs]	

61 寮	**dormitory** [dɔ':rmətɔ`:ri]	
62 料理する人	**cooker** [kúkər]	
63 法事	**Buddhist ceremony** [bú:dist sérəmòuni]	
64 貢献する	**contribute** [kəntríbju:t]	
65 役に立つこと	**help** [hélp]	**役に立て**れば嬉しいです。 I would be glad to be of **help**.
66 カイロ	**pocket warmer** [pɑ'kit wɔ':rmər]	
67 前もって	**in advance** [ín ædvæ'ns]	**事前に**予約が必要です。 It requires reservation **in advance**.
68 年金	**pension** [pénʃən]	母は**年金**暮らしだ。 My mother lives on her **pension**.

December

69 毛皮	**fur** [fə':r]	
70 体調	**health condition** [hélθ kəndíʃən]	
71 距離	**distance** [dístəns]	
72 飽きる	**feel bored** [fíːl bɔ':rd]	<u>飽きない?</u> **Don't you feel bored?**
73 違い	**difference** [díf(ə)rəns]	
74 〜するとすぐ	**as soon as** [əz súːn əz]	私がそこに着く<u>とすぐに</u>彼が現れた。 **As soon as** I got there, he showed up.
75 支店	**branch** [bræ'ntʃ]	
76 じつは	**actually** [æ'ktʃuəli]	

77 私の代わりに	**for me** [fɔ':r míː]	**私の代わりに**子どもたちの面倒を見てくれる？ Will you take care of my children **for me**?
78 目的	**purpose** [pə':rpəs]	
79 件	**issue** [íʃuː]	我々はその**件**について話さないといけない。 We need to discuss that **issue**.
80 態度	**attitude** [æ'tit(j)ùːd]	
81 性格がきつい	**aggressive** [əgrésiv]	彼女は**性格がきつい**。 She is **aggressive**.
82 ジンジャーブレッドマン	**gingerbread man** [dʒíndʒərbred mæ'n]	
83 公務員	**official** [əfíʃəl]	
84 吹雪	**blizzard** [blízərd]	

85 牛	**cow** [káu]	
86 雪片	**snowflake** [snóufleik]	
87 流派	**school** [skú:l]	表千家 Omotesenke **school**
88 運動不足	**lack of exercise** [læ'k əv éksərsàiz]	
89 怠けもの	**lazy** [léizi]	私は**怠慢**なんです。 I am a **lazy** person.
90 そう思う	**agree** [əgrí:]	あなたも**そう思う**？ Do you **agree** with it?
91 反対する	**disagree** [dìsəgrí:]	ぼくはそうは**思わない**な。 I **disagree** with the idea.
92 メリット	**advantage** [ædvæ'ntidʒ]	

93 入試	**entrance examination** [éntrəns igzæ`mənéiʃən]	
94 酒造会社	**sake brewery** [sɑ':ki brú:əri]	
95 トキ	**ibis** [áibis]	
96 相応しい	**deserve** [dizə':rv]	きみはその賞に**ふさわしい**よ。 You **deserve** the prize.
97 訓練する	**train** [tréin]	
98 しがちだ	**tend to** [ténd tə]	田舎に住んでいる人は運動不足に**なりがち**だ。 People living in rural places **tend to** lack exercise.
99 甥っ子	**nephew** [néfju:]	
100 姪っ子	**niece** [ní:s]	

大人のためのおしゃべり英単語

2021年 10月 31日　初版発行

著者	髙野あき
表紙・イラスト	髙野瑛世
Special Thanks	Stuart Tormad Martin／Katrina Platt／髙野瑛世
発行所	株式会社　三恵社
	〒462-0056 愛知県名古屋市北区中丸町 2-24-1
	TEL 052-915-5211　FAX 052-915-5019
	https://www.sankeisha.com